经济日报记者丛书

粮 食 大 事

刘 慧◎著

经济日报出版社

做党和人民信赖的合格新闻工作者

“做党的政策主张的传播者、时代风云的记录者、社会进步的推动者、公平正义的守望者。”这是习近平总书记在党的新闻舆论工作座谈会上，对广大新闻舆论工作者提出的明确要求和殷切期望。

经济日报创刊40年来，在风云激荡中引领思想，在众声喧哗中回应民意，忠实记录了中国改革开放以来波澜壮阔的光辉历程，见证了经济跨越、社会进步和国家富强，谱写出无愧于时代的华彩篇章。

与时代同步、与人民同行。40年来，经济日报涌现出一大批优秀的党的新闻工作者，他们不忘初心、牢记使命，坚持正确的政治方向、舆论导向、新闻志向和工作取向，在弘扬传统中持续深化改革创新，在改进报道中不断讲好中国故事。

人才是事业发展的根本保证，提升新闻传播力、引导力、影响力、公信力，离不开一支高素质的新闻人才队伍。多年来，经济日报社高度重视人才队伍建设，不断创新人才培养方式方法，持之以恒地为记者成长成才提供平台、创造空间。

近两年，我们为12名青年记者同时开设个人言论专栏，是一次成功的探索和尝试，这在中央党报乃至整个中国新闻界都是不多见的。我们遴选的这批记者拥有多年跑口经验，既具备研究素养，又有大众化传播才华，陆续开设《每周经济观察》《国际经济观察》《忠阳车评》《三农瞭望》《粮食大事》《市场监管》《香江观察》《财金视野》《科创之声》《房地产周评》《能源广角》《文体市场面面观》等12个固定评论专栏。这些专栏具有个人风格和专业特色，其针对社会现象和舆论热点的立场表达，是对编辑部文章、社论、评论员文章等重要评论的补充和延伸，满足了不同类型读者的阅读需求，对于放大主流观点、凸显经济特色起到了独特作用。

目前，经济日报已构建起由编辑部文章、评论员文章、一版“金观平”文章、12名青年记者个人专栏、时评版以及“头条热评”等组成的评论传播矩阵，“评论立报”的格局初步形成，并与“调研兴报”“理论强报”“开门办报”一起，成为推动经济日报高质量发展的工作重点。

媒体融合发展时代，在新闻越来越难以实现“独家”的前提下，立论就是立报之本，要以权威观点、独到视角和理性分析获得优势、占据主导。实践证明，无论媒体生态如何变化，无论传播方式如何迭代，一篇有思想、有温度又兼具良好阅读体验的评论文章，一个集“颜值”“言值”和“研值”于一体的评论专栏，其本身就是闪光、有力且自带流量的。

一批评论专栏能赢得受众、成为品牌，是与专栏记者的努力分不开的，是与同志们悉心培养、全力推动分不开的。

在我看来，尊重才华，尊重个性，给年轻同志开专栏，既是提高报纸质量的重要方式和有力举措，也是培养优秀新闻人才队伍的重要方法和有效途径。报社成就着记者，记者也在成就着报社，二者是共生共荣、一同成长的发展共同体。

总体看，12个个人专栏评论时效性强、热点抓得准，兼具了高度、深度和广度等特点，但也要看到，因为多种因素制约，这些专栏文章还存在不足。差距是潜力也是动力，青年记者要继续在实践中增强“四力”，既要掌握好信息的第一发布权，也要掌握好第一解释权，守好新闻舆论阵地，引导好社会预期。

以笔为犁千秋业，只在承前启后中。习近平总书记指出，“我们这一代人，继承了前人的事业，进行着今天的奋斗，更要开辟明天的道路”。在新时代新征程上，唯有踔厉奋发、笃行不怠，方能成为一名党和人民信赖的合格新闻工作者。

（作者系经济日报社社长兼总编辑）

目　录

Contents

粮食连丰仍要居安思危

对于我国这样一个拥有14亿人口的大国来说，保障粮食安全是一个永恒的课题。最近，我国相继发布提高2021年小麦最低收购价、严禁耕地非粮化等一系列保障国家粮食安全的重大政策，格外引人瞩目。令人欣慰的是，在今年粮食再次获得丰收之后，我们并没有忽视和放松粮食生产，而是强化政策供给力度，稳政策、稳面积、稳产量，稳库存、稳价格、稳供给，确保把“中国饭碗”牢牢端在自己手中。

当前，我国粮食安全形势正处于历史最好时期，粮食产能稳定、库存充足、供给充裕，库存消费比远高于联合国粮农组织提出的17%~18%的粮食安全警戒线。事实上，保障粮食安全是一项持续用力、久久为功的长期性战略。新中国成立后，特别是改革开放以来，我国经过不懈奋斗，实现了从“吃不饱”到“吃得饱”进而“吃得好”的历史性转变，粮食安全保障能力持续增强。党的十八大以来，党中央高度重视粮食安全，谋划和部署中国粮食安全战略。在新冠疫情大考中，我国粮食安全保障能力经受住了考验，为维护经济社会大局稳定提供了有力支撑。

然而，我国人多地少的基本国情农情，决定了我国粮食安全将长期处于紧平衡态势，影响粮食安全的潜在风险隐患在增多。

比如，粮食消费需求刚性增长与资源环境“硬约束”并存，粮食增产难度加大，持续保障供给的压力较大；粮食库存虽然处在安全状态，但地区性、结构性不平衡现象较为突出，粮食调控难度加大；种粮比较效益偏低，调动和保护农民种粮和地方政府抓粮“两个积极性”的压力较大。

总体看，今年我国粮食丰收已成定局，但粮食安全基础仍不稳固，粮食安全形势依然严峻。我们一定要对粮食安全保持清醒认识，绝不能因为当前粮食供求宽裕，就认为粮食安全可以高枕无忧；绝不能因为目前国际粮价低于国内粮价，就简单地认为可以靠买粮过日子；绝不能因为我国正在推进农业供给侧结构性改革，就忽视和放松了粮食生产。要树立粮食安全忧患意识，居安思危，正视风险，应对挑战，健全完善保障粮食安全长效机制，加快由粮食生产大国向粮食产业强国转变，在更高层次上更可持续地保障国家粮食安全。

今年是全面建成小康社会决胜之年，也是“十三五”规划收官之年。当今世界正经历百年未有之大变局，叠加突如其来的新冠疫情，让我国粮食安全面临的形势更为复杂和严峻。要努力在构建双循环新发展格局中育先机开新局，在统筹发展和安全关系的前提下，坚持国家粮食安全战略不动摇，构建更高层次、更高质量、更有效率、更可持续的粮食安全保障体系。

一方面，要立足国内，确保谷物基本自给，口粮绝对安全。深入实施“藏粮于地、藏粮于技”战略，严守耕地红线和永久基本农田控制线，严禁耕地“非粮化”“非农化”倾向，切实保护好耕地；加大农业科技投入，鼓励科研创新，真正让农业插上科技翅膀。加大强农惠农支持政策力度，健全农业支持保护制度，完善粮食主产区利益补偿机制，调动和保护好农民种粮和地方政府抓粮“两个积极性”，让农民种粮有利可图，让主产区抓粮得实惠、有发展。

另一方面，要适度进口粮食，弥补国内部分农产品供求缺口，但要合理把握进口规模和节奏，防止冲击国内粮食产业安全。创新探索国际粮食合作新模式，深化与“一带一路”相关国家和地区粮食贸易合作关系，鼓励和引导有实力的企业有序“走出去”，加快培育国际大粮商，增强全球粮食供应链管理能力。

（刊发于2020年12月3日时评版）

理性看待当前粮食价格上涨

民以食为天，粮价稳人心稳。今年以来，在新冠疫情阴霾之下，国际粮食市场风云变幻，国内粮食价格受到影响，从期货市场蔓延至现货市场，“金玉米”“金豆粕”引发投资者纷纷进入粮食市场掘金，东北地区出现抢购玉米、大豆现象，这引发了社会的焦虑与不安。确保粮价稳定，对于稳定民心、保障国家粮食安全至关重要。

在粮食收储市场化条件下，粮食价格涨涨跌跌是市场波动的正常现象。今年粮食价格上涨是多种因素叠加作用的结果。首先，新冠疫情在全球蔓延，国际经贸摩擦不断，以及蝗虫和草地贪夜蛾肆虐等因素引发了国际市场对粮食安全问题的担忧，推动国际粮价上涨，并传导至国内，影响了国内粮价走势；其次，国内政策性玉米去库存周期基本结束，玉米供需趋于紧平衡，玉米涨价预期明显；再次，国际流动性过剩，热钱炒作粮价，对粮价上涨起到了推波助澜作用。最后，国内养殖业逐步恢复带动饲用玉米和大豆需求大幅增长。

粮价是百价之基，粮价上涨是一把“双刃剑”。一方面，谷贱伤农。当前，粮价上涨是连续多年粮食价格下跌之后的恢复性上涨，既有利于增加农民收入，也有利于调动农民种粮积极性，从而带动粮食种植面积和产量增加，更好地保障国家粮食安全。另一方面，米贵伤民。粮价上涨不仅会影响低收入困难群众的食品安全，而且会增加粮食加工企业、饲料企业、养殖企业等用粮企业的生产成本。令人担忧的是，粮价上涨有可能会影响带动猪肉、大蒜、生姜等其他农产品价格上涨，从“金玉米”“金豆粕”发展到“猪坚强”“蒜你狠”“姜你军”，从而拉动 CPI 上涨，增加通货膨胀管理难度。

值得关注的是，随着国内粮价上涨，特别是东北玉米价格持续上涨，国内粮食市场“两个倒挂”问题更加严重。一个是国内外粮价倒挂持续，进口成本优势明显，大量进口玉米及替代品陆续到港。另一个是产销区玉米价格持续倒挂，东北地区玉米价格接近华北甚至南方销区玉米价格，近期北方港存玉米已是去年同期的 3 倍，逼近历史高位。这两个倒挂说明南方企业对北方玉米需求减少，对进口玉米及其替代品需求增加。由于国内玉米价格持续高位运行，市场风险正在逐步积累，国内企业一定要理性看待当前玉米行情，做到心中有数，控制好经营风险。

目前来看，我国粮食连年丰收，库存充实，储备充足，供给充裕，粮价上涨势头难以持续，后期玉米价格上涨也缺乏支撑。今年我国粮食生产在经历了疫情、洪灾、台风、雪灾、草地贪夜蛾等一系列考验之后再次获得丰收，为满足国内市场供应奠定了坚实的物质基础。同时，粮食库存处于历史高位，虽然政策性库存有所下降，但企业商品库存和农户存粮数量均有不同程度增加，增强了保障粮食安全的韧性。当下，国际粮食供需仍延续宽松格局，玉米及高粱、大麦等替代品大量进口，有效填补了国内供需缺口。

为保障国家粮食安全，在充分发挥市场在资源配置中决定性作用的同时，更好发挥政府作用，推进有效市场与有为政府的结合，增强国家粮食宏观调控能力，多措并举，综合施策。坚持底线思维，在全力抓好秋粮收购的同时，继续组织好政策性粮食销售，根据市场形势和调控需要，及时灵活调整投放品种、数量和节奏，优化粮源安排，保障市场供应。截至目前，国家有关部门已通过国家粮食交易平台累计销售政策性粮食超过1亿吨，其中政策性玉米7000多万吨，有效保障了市场供应。必要时，国家有关部门会加大政策性小麦和稻谷库存投放力度，满足饲用替代消费需求。要进一步强化预期管理，强化粮食市场预警和监测，及时主动发布粮油供求和价格等信息，稳定市场预期。持续加大监管力度，加强粮食流通监督检查，严厉查处各类违法违规行为，严防投机商囤积居奇，切实维护市场秩序。

（刊发于2020年12月10日时评版）

呵护好农民种粮积极性

今年我国粮食生产喜获“十七连丰”，产量连续6年保持在1.3万亿斤以上。高兴之余，还要看到，一些地方出现种粮大户因为种粮收益下降退租跑路现象。对于这种现象我们不能等闲视之。这种现象表明我们要重视如何切实调动和保护好农民种粮积极性的问题。农民种粮的积极性关系到粮食持续稳定增产和粮食安全。

在当前和很长一段时期内，一家一户小规模家庭经营是我国农业生产的基本面。我国有2.2亿农户从事粮食生产，是基本主体，他们是否有生产积极性，对保障粮食安全具有决定性影响。对于农民来说，种粮除了保障口粮外，还是谋生的手段，稳定发展粮食生产，一定要让农民有利可图。农民愿不愿意种粮、愿意种多少粮，关键看种粮能给农民带来多少收益。

粮食是一种特殊商品，社会效益高但经济效益相对较低。在比较利益驱动下，农民往往会选择经济收入更高的非粮非农生产代替粮食生产，从而导致粮食种植面积减少和产量减少，甚至出现撂荒现象，如此一来，粮食安全就会出现隐患。前几年，我国粮食供应宽松后造成粮价下跌，影响农民种粮积极性。一些地方出现小农户仅种“口粮田”或者耕地抛荒现象，也有一些地方出现耕地“非粮化”“非农化”现象。今年粮食价格上涨，农民种粮积极性高涨。不过，总的来看，随着劳动力成本和农资成本不断攀升并在高位徘徊，农民种粮实际收益在下降，不少种粮大户“踩”着盈亏平衡点种粮，一遇自然灾害或粮价波动，就可能出现“倒亏”，拿不到农业补贴就退租跑路。

实现农民增收与粮食增产同步，仍然是当前粮食生产面临的一个重要课题。实践证明，要实现粮食产量持续稳定增长，一定要把着力点放在种粮农民收入增长上，在发挥市场机制作用的同时，也要加强政府支持保护，层层压实粮食生产责任，积极落实各项补贴政策。当前，粮食最低收购价政策是国家调整粮食供求关系的重要手段，也是保护农民种粮积极性的“定心丸”。今年春耕冬种前，国家提高了稻谷和小麦最低收购价水平，起到了立竿见影的效果，刺激了粮食播种面积和产量增长。但从长期来看，持续不断提高粮食最低收购价水平并非长久之策，因为这会加剧市场粮食供过于求的局面，扭曲市场价格形成机制，带来购销价格倒挂问题。

提高农民种粮收入，必须从单纯提高粮价的老思路中跳出来，把着力点放在扩大农民就业空间上，鼓励和引导农村剩余劳动力转移出去，种粮大户、合作社等新型农业经营主体通过土地规模化经营和服务规模化经营，推动粮食生产迈向规模化、专业化、集约化之路，提高粮食生产效率，才能更好地保障国家粮食安全。

实现粮食持续稳定增产，离不开一支高素质的农业生产经营者队伍。目前，我国农民整体素质还不高，农村青壮年劳动力大量外出就业，农村劳动力配置结构中出现老龄化、女性化、兼业化和副业化现象，严重影响了农业先进技术应用，影响了粮食生产效率提高。因此，要大力培养更多爱农业、懂技术、善经营的新型职业农民，通过富裕农民、提高农民、扶持农民，让农业经营有效益，让农业成为有奔头的产业，让农民成为体面的职业。

（刊发于 2020 年 12 月 17 日时评版）

建好国家粮食安全产业带

日前召开的中央经济工作会议提出，要建设国家粮食安全产业带。这对于进一步增强粮食资源配置效率，促进粮食产业提质增效，提升粮食安全保障能力，意义深远。

在我国人多地少的国情粮情下，通过集聚资源要素发展粮食生产，是保障粮食安全的有效举措。国家粮食安全产业带，是在粮食主产区、核心区、粮食生产功能区的基础上提出的一个新概念。如今，我国粮食生产集聚效应更加明显，13 个主产区粮食产量占全国总产量的 78% 以上，成为保障粮食安全的“大粮仓”。为了更好地保障粮食安全，国家在主产区基础上建设粮食生产核心区、粮食生产功能区，探索粮食生产稳定增长的长效机制。与粮食主产区、核心区和功能区相比，国家粮食安全产业带更加强调粮食产业发展。

发展粮食产业是确保粮食安全的战略选择。粮食产业涵盖由原粮到产品、由产区到销区、由田间到餐桌的全过程，一头连着粮食生产，一头连着粮食消费，是粮食供求的“蓄水池”和“调节器”。实践证明，粮食产业经济越发达，产业链条越完整，抵御粮食安全风险的能力就越强。党的十八大以来，我国以“粮头食尾”“农头工尾”为抓手，加快向农业现代化转型，全力推进粮食产业经济高质量发展，促进农村一、二、三产业融合发展，把粮食资源优势转化为产业优势和经济优势，形成粮食兴、产业旺、经济强的良性循环，为构建更高层次、更高质量、更有效率、更可持续的国家粮食安全保障体系提供强力支撑。

建设国家粮食安全产业带，需要践行创新、协调、绿色、开放、共享的新发展理念，推动粮食产业高质量发展。

要构建高质量的粮食供给体系。以构建现代农业产业体系、生产体系和经营体系为抓手，深入实施“藏粮于技”和“藏粮于地”战略，解决好种子和耕地两大“瓶颈”，夯实粮食安全基础，确保需要时产得出、供得上。着力发展高附加值、高品质粮食，提高粮食供给质量，提升粮食产业综合素质、效益、竞争力。

要理顺政府和市场的关系。充分发挥市场在资源配置中的决定性作用，更好发挥政府作用，实现市场、要素和主体的全面激活，提高农业生产效率，提升农业产业效益。

要转变农业发展方式。从拼资源、拼投入的粗放式发展转向拼科技、拼品牌、拼技术的集约化发展，推进农业现代化，实现粮食生产可持续发展。

要统筹利用国内国际两个市场两种资源。实现粮食产业差异化、科技化、品牌化、特色化、绿色化发展，提升产业竞争力。

近些年来，尽管国家不断加大对粮食主产区生产扶持力度，但主产区经济发展缓慢的问题依然存在，许多产粮大县难以走出“高产穷县”的困境，影响了地方抓粮和农民种粮的积极性。建设国家粮食安全产业带，需要强化对主产省和主产县的政策支持力度，逐步建立健全对主产区的利益补偿机制，建立精准支持政策体系，推动相关农业资金向国家粮食安全产业带倾斜，保障产粮大县重农抓粮得实惠、有发展、有热情、有干劲。

（刊发于 2020 年 12 月 24 日时评版）

从粮食安全高度搞好玉米产业发展

2020年国内玉米价格一直处于涨势，被称为国内玉米的“黄金年”。针对玉米价格持续上涨的情况，国家有关部门从供给和需求两端发力，采取投放临时储备玉米、增加进口和严格限制玉米燃料乙醇加工产能扩张等“组合拳”，着力稳定市场价格，但玉米价格仍保持高位运行。

抛开新冠疫情、水灾、台风、资本炒作等因素，玉米加工快速发展，消费需求旺盛，是推动玉米价格上涨的重要动力。国内玉米消费包括口粮消费、饲料用粮、工业用粮和种子用粮四大类，其中，口粮消费需求弹性较小，种子用粮甚少，饲料用粮和工业用粮等粮食消费需求急剧增加，是导致今年玉米消费总量扩张、价格上涨的重要因素。

玉米是加工程度高、产业链长的粮食品种。国内玉米加工产品以淀粉、酒精、味精、赖氨酸以及玉米燃料乙醇等为主，玉米深加工产业对整个社会和国民经济的持续健康发展起着巨大推动作用，成为主产区发展经济的战略选择。但是，玉米深加工产业过度发展会挤占饲料玉米的正常供应，影响肉蛋奶等食品供应安全。为了确保口粮和饲料消费需求，我国在发展玉米深加工的时候，一直坚持“不与人争粮、不与粮争地”的原则。

近年来，我国对玉米深加工的政策经历了从大力推广到严格控制的变化。在玉米出现阶段性过剩、市场供求相对宽松的时候，国家顺应合理消化玉米库存的要求，采取下放玉米深加工项目审批权限到省、取消外资进入玉米深加工行业的限制，以及对深加工企业给予收购补贴等一系列政策，加大玉米加工转化力度，提高产能利用水平，玉米去库存效果显著。在玉米供需形势开始发生逆转时，国家再次收紧玉米深加工项目审批，严格限制玉米燃料乙醇加工产能扩张，促进玉米产销平衡，保障国家粮食安全。

目前，我国已经形成的巨大玉米深加工产能，成为拉动玉米消费的重要动力。有业内人士预计，未来玉米深加工将是玉米消费的重要增长点。从产业发展的角度讲，发展玉米深加工产业，必须处理好产业发展与安全的关系，产业发展必须服务于国家粮食安全，绝不能以牺牲粮食安全为代价换取经济效益。

临储玉米发挥着宏观调控“蓄水池”和市场“稳压器”的作用。2020 年临储玉米去库存任务完成后，玉米市场将深度进入市场化运行轨道。面对变幻莫测的市场形势，我国有能力保障玉米市场供应，但也面临着潜在的风险和挑战。

首先，2020 年玉米价格上涨增加了农民种粮收益，提高了农民种植的积极性，预计 2021 年玉米种植面积将会大幅增加，但是势必会挤压大豆种植面积，引发新一轮种植结构调整。其次，在一定比价关系下，稻谷、小麦和玉米之间有可替代性，随着玉米价格高涨，一些企业用稻谷和小麦替代玉米作饲料，国家有关部门也加大了库存小麦和水稻的投放力度。但如果大量使用库存稻谷和小麦替代玉米，可能会影响口粮安全。再次，2020 年玉米及其替代品大量进口有效改善国内供应，玉米进口量超过 2020 年进口配额，从长远看，过量进口有可能对国内粮食产业安全造成冲击。最后，我国有完善的粮食储备体系和应急供应保障体系，是稳定市场的“定海神针”，但粮食储备机制还需要不断完善。

展望 2021 年，国内玉米供需趋紧的局面估计还会继续，但我国完全有能力有底气保障玉米供应，保障国家粮食安全。

（刊发于 2020 年 12 月 31 日时评版）

地方党政同责扛起粮食安全重任

日前召开的中央农村工作会议首次提出，地方各级党委和政府要扛起粮食安全的政治责任，实行党政同责，“米袋子”省长要负责，书记也要负责。从“米袋子”省长负责制，到书记、省长共同把粮食安全的责任扛在肩上，这有利于把国家粮食安全战略真正落到实处，持续增强粮食安全保障能力。

1995年以来，我国一直实行“米袋子”省长负责制，特别是党的十八大以来，我国真正建立起国家宏观调控下省级人民政府对粮食安全全面负责的体制，全面加强粮食生产、储备和流通能力建设，粮食安全形势持续向好，粮食生产获得“十七连丰”，粮食库存充足。实践证明，“米袋子”省长负责制是强化地方政府责任、保障国家粮食安全的有效措施。在抗击新冠疫情过程中，各地以高度的政治责任担当和有效的应对举措确保了粮油供应，守住了“米袋子”安全，为保障经济社会稳定发展奠定了坚实的物质基础。

也要看到，我国粮食产需中长期仍将维持紧平衡态势，影响粮食安全的潜在隐患还有很多。粮食生产基础不牢固、种粮比较效益偏低，一些地方抓粮积极性不高，存在着“说起来重要，干起来次要，忙起来不要”的现象；一些地方把农业结构调整简单理解为压减粮食生产，出现耕地“非粮化”倾向，粮食播种面积出现下降势头；粮食区域供求矛盾日益突出，13个粮食主产区生产了全国78%

以上的粮食，一些主销区和产销平衡区粮食自给率明显下降，依靠主产区解决吃饭问题，调度风险也在增加；去年受新冠疫情影响，粮食等大宗农产品贸易链、供应链受到冲击，国际农产品市场供给不确定性增加。这些问题如果任其发展，将影响国家粮食安全。必须要时刻紧绷粮食安全这根弦，任何时候都不能放松。

在我国人多地少的基本国情下，必须举全国之力解决 14 亿人的吃饭问题。地方各级党委和政府要树立大局意识，扛起粮食安全的重任。当然，中央财政要进一步加强对粮食生产的支持，充分调动地方重农抓粮的积极性。要逐步建立健全对主产区的利益补偿机制，强化对主产省和主产县的财政奖补力度，让主产区重农抓粮有动力、有热情、有干劲。

保障国家粮食安全，不能只盯着主产区，主销区、产销平衡区也要共同承担责任。主产区要努力发挥优势，巩固提升粮食综合生产能力，继续为全国作贡献；产销平衡区和主销区要扭转粮食种植面积下滑势头，确保粮食种植面积不减少、产能有提升、产量不下降。产销区还要深化合作，促进产销衔接。产区发挥粮食生产、加工和仓储设施优势，努力为销区提供绿色、优质、安全的粮食；销区发挥市场和资金等优势，支持产区稳定发展粮食生产，增强粮食流通能力，满足本地区粮源供应。

此外，还要进一步强化粮食安全责任制考核，充分发挥考核“指挥棒”作用，切实压实地方政府责任，不断提高地方政府粮食安全意识，推进粮食安全治理体系和治理能力现代化，持续提升粮食安全保障能力和水平。

（刊发于 2021 年 1 月 7 日时评版）

平衡利用好国际国内粮食市场

粮食生产丰收与粮食进口增加并存，成为我国粮食市场一道风景线。2020 年，我国粮食生产获得“十七连丰”，同时粮食进口超 1.4 亿吨，同比增幅 28%。其中，大豆进口量突破 1 亿吨，玉米进口量首次超过当年进口关税配额。粮食进口量增加有效弥补了国内市场供需缺口，确保了粮食市场稳定供应。不过，对于我国这样一个粮食消费大国来说，靠进口粮食解决不了吃饭问题，必须平衡利用好国内国际两个市场两种资源。

饲料用粮和工业用粮持续增长，是去年粮食进口量大幅增加的主要原因。养殖业特别是养猪业扩产提速，带动饲用玉米和大豆需求大幅增长，玉米深加工产能扩张带动玉米工业需求明显增加，玉米供需从阶段性过剩向供给偏紧转变，进口玉米显然有助于平衡国内供给缺口。与此同时，去年国内粮食价格保持高位运行，国内外粮价倒挂严重，在一定程度上刺激粮食进口量显著增加。

适度进口是保障国家粮食安全的重要途径，但需把握好粮食进口的规模和节奏，要防范和化解粮食大量进口危及国内粮食产业安全的风险，同时避免我国大规模进口粮食拉升国际粮价。从维护国内粮食产业安全和世界粮食安全着眼，长期以来，我国对大米、小麦和玉米三大主粮实行进口配额管理，并维持进口配额数量不变，配额内的关税极低，超过配额部分要征收65%以上的关税。近年来，有个别国家要求我国提高玉米进口配额甚至完全放开玉米进口，但从国家有关部门公布的2021年粮食进口配额政策来看，我国三大主粮进口配额数量仍然保持不变。

值得注意的是，当前我国粮食进口面临很多挑战：逆全球化趋势加剧，单边主义、保护主义抬头；新冠疫情对全球粮食供应链造成冲击，全球粮食贸易不确定性增加；大豆对外依存度高，来源地高度集中，90%以上从巴西、美国和阿根廷进口，“卡脖子”隐忧长期存在。一旦发生国际经贸摩擦和冲突，将影响我国粮食进口的稳定性。

因此，在当前错综复杂的国际环境下，我国要牢牢把住粮食进口的主动权，确保粮食进口的稳定性。

要增强对全球粮食供应链的掌控能力。积极引导国内有实力的粮食企业“走出去”，努力打造具备国际竞争力的中国大粮商，构建高效协同、精准敏捷、安全有韧性、绿色可持续的粮食供应链，确保粮食国际贸易不受阻、粮食物流不中断。

要逐步构建多元化进口格局。加强与国际组织和其他国家的多边及双边合作，通过中长期贸易协议等方式，实施粮食进口多元化战略，改变进口来源地相对单一、容易受制于出口地政策和产量变化的国际贸易格局。

从粮食进口结构来看，结构性短缺矛盾仍是影响我国粮食安全隐患之一。要牢牢把住粮食安全主动权，必须立足国内，集中国内资源保重点，做到谷物基本自给、口粮绝对安全，以国内供给的安全稳定应对国际市场的不确定性。要深入实施藏粮于地、藏粮于技战略，解决好耕地和种子“两个瓶颈”，巩固提升农业综合生产能力，打牢粮食安全基础。建设粮食安全产业带，优化粮食品种结构，重点增加高油高蛋白大豆、饲用玉米、优质水稻和强筋弱筋优质小麦供给，逐步解决粮食结构性短缺矛盾。

（刊发于 2021 年 1 月 21 日时评版）

谨防“人畜争粮”影响口粮安全

俗话说，猪粮安天下。养猪业的快速发展和临储玉米见底，使得玉米产需缺口由隐性转为显性，去年玉米价格快速上涨，一些饲料企业和养殖企业为了降低成本，开始采购稻谷和小麦替代玉米作饲料，使得“人畜争粮”矛盾加剧。必须多管齐下解决矛盾，谨防“人畜争粮”影响14亿人的口粮安全。

稻谷、小麦和玉米等粮食品种之间具有替代性，价格联动性强。从经验来看，小麦价格被认为是玉米价格的“天花板”，玉米价格上涨会受到小麦价格的制约，小麦饲用量增加会抑制玉米价格上涨。让很多人意外的是，目前玉米价格已经捅破了小麦价格“天花板”，带动小麦价格一起上涨，形成玉米、小麦、稻谷价格联动上涨局面。

为了缓解玉米供需趋紧的问题，有关部门持续投放国家政策性小麦，去年在秋粮收购季节重启国家政策性稻谷竞价销售。玉米价格上涨进一步刺激替代需求，饲料企业考虑到小麦与玉米的性价比，更愿意用小麦替代玉米作饲料，参与竞买政策性小麦比较积极。从今年1月国家粮食交易中心组织的3次政策性小麦竞价交易结果看，政策性小麦拍卖出现量价齐升的局面，小麦成交率和溢价幅度均创新高。为稳定市场预期，有关部门调整交易规则，增加保证金额度、预付货款、缩短货款缴纳期限，抑制投机资本参与竞拍，对小麦市场起到明显降温作用。

那么，用稻谷和小麦替代玉米作饲料，是否会影响口粮安全？我国稻谷和小麦生产连续多年丰收，库存处于高位，口粮自给率超过 100%，实现了谷物基本自给、口粮绝对安全的粮食安全目标。稻谷和小麦不仅够吃，还面临去库存的压力。在确保口粮绝对安全的基础上，用库存稻谷和小麦替代玉米作饲料，既能缓解饲料粮短缺矛盾，又有利于减轻去库存压力。但不可忽视的是，玉米与水稻存在争地关系。有关部门明确表示，今年要在东北地区、华北黄淮地区等主产区增加玉米种植面积，有可能会挤压水稻种植面积。

因此，用稻谷和小麦替代玉米作饲料，终非长久之策。要解决饲料粮短缺问题，既要关注眼前，又要关注长远，从国家粮食安全的高度解决“人畜争粮”问题。要充分利用国内国际两个市场两种资源，以国内市场供给的稳定性应对国际市场的不确定性。

要立足国内，深入实施藏粮于地和藏粮于技战略，持续提高粮食综合生产能力。一方面，要在确保口粮绝对安全的基础上，增加玉米种植面积，稳定大豆种植面积，扩大饲料粮供应，严格限制玉米燃料乙醇发展；另一方面，要适度调整“六畜猪为首”的畜牧业发展思路，大力发展饲草型畜牧业，减少饲料粮使用，扭转“人畜争粮”尴尬局面。

要面向世界，适度进口玉米、大麦、高粱等饲料粮。目前，新冠疫情全球肆虐、出口国粮食产量和政策的变化、大国之间博弈日益剧烈，给粮食进口带来更大的不确定性。近期，美国大幅下调 2020 年玉米产量，阿根廷全面取消玉米出口限制，对国内玉米市场造成的联动效应有目共睹。从长期来看，需要不断拓展粮食进口多元化渠道，增强国际粮食供应链管理能力，确保粮食进口的稳定性。

（刊发于 2021 年 2 月 4 日时评版）

稳粮增产还须唤醒沉睡的撂荒地

人勤春来早，春耕备耕忙。目前一些地方正在全力推进农村撂荒地整治工作，补足粮食安全的“短板”。我国人多地少，耕地资源有限。在遏制耕地“非农化”、严防耕地“非粮化”的同时，统筹利用撂荒地，稳定并提高粮食种植面积，是比提高粮食单产更为有效的保障粮食安全的途径。

耕地是粮食生产的命根子，是确保粮食安全的根本。党的十八大以来，我国不断强化耕地保护，加快推进高标准农田建设，稳步提升粮食综合生产能力，为保障国家粮食安全提供有力支撑。但受粮食比较效益偏低、农村劳动力外出务工、农业生产条件差等因素影响，一些地方出现了不同程度的耕地撂荒现象，造成土地资源浪费，影响粮食稳定供给，给国家粮食安全带来一些隐患。

党中央、国务院高度重视耕地保护问题，提出要守住基本农田红线，扎紧耕地保护的“篱笆”。中央经济工作会议、中央农村工作会议都强调要实施“藏粮于地”战略，解决好耕地问题。保护好耕地资源，不仅要严防耕地“非粮化”，还要从保障粮食安全大局出发，确保农业生产不撂荒，耕地资源不浪费。目前，一些地方把恢复撂荒耕地生产作为当前春耕生产和乡村振兴的一项重要任务来抓，采取切实有效措施，唤醒沉睡的耕地资源，把撂荒地变为“良田”，确保应播尽播、应种尽种，为实现粮食产量稳定增长奠定坚实基础。

整治撂荒地，一定要完善农村基础设施，让种地不艰难。撂荒地大多是丘陵山区坡地或细碎地块，设施条件较差。要着力改善耕作条件，具备条件的撂荒地可纳入高标准农田建设范围，加大投入力度，配套完善灌排水、输配电、田间道路、农田防护等基础设施，提升宜机作业水平，拖拉机、旋耕机、收割机等各种农机具都能直接开到田里，让偏远的土地不再沉睡。

整治撂荒地，一定要坚持效益优先的原则，让种粮农户有信心。要发挥政策导向作用，支持农户复耕撂荒地。要给予农户政策、资金、技术、信息等方面的倾斜扶持，全面落实种粮补贴和农业保险政策，全力保护种粮农民利益，让农民复耕撂荒地有账算、有钱赚。合作社、种粮大户等新型农业经营主体可以通过土地托管或者土地流转，实现粮食标准化生产、机械化耕作、规模化经营，降低生产成本，提高种粮收益。

整治撂荒地，各地要切实担负起主体责任。要落实粮食安全党政同责要求，完善粮食安全省长责任制，层层压实责任，把耕地资源用足用好，有效遏制耕地撂荒，守住国家粮食安全底线。开展所辖区域耕地撂荒基本情况调查，逐村逐户摸清底数，建立信息台账，制定统筹利用撂荒地具体方案。加强宣传引导，提高遏制耕地撂荒的自觉性。宣传国家耕地保护法律法规和强农惠农富农政策，营造全社会遏制耕地撂荒的浓厚氛围。

（刊发于 2021 年 2 月 18 日时评版）

粮食生产必须年年抓紧

早春时节，各地春耕备耕忙。新冠疫情全球蔓延导致全球粮价上涨，国内粮价处于高位，结构性短缺问题凸显，引发对粮食安全问题新的担忧。继续毫不放松抓好粮食生产，稳政策、稳面积、稳产量，才能应对国内外各种风险挑战。今年中央一号文件再次聚焦粮食安全，提出要提升粮食和重要农产品供给保障能力。这更加坚定了各地抓好粮食生产、确保全年粮食丰收的信心和决心。

作为一个拥有 14 亿人口的大国，我国始终紧绷粮食安全这根弦，粮食生产一直抓得很紧。我国粮食连年丰收，库存充裕，粮食安全底气足，去年经受住了疫情大考，粮食产得出、供得上、卖得好。但也应清醒认识到，随着人口增长以及消费需求升级，我国粮食供求将长期处于紧平衡状态，国际粮食贸易形势不确定性不稳定性明显增加。因此，在粮食安全问题上决不能掉以轻心，要尽可能多生产一些粮食，多储存一些粮食，提高粮食安全系数，以国内稳产保供的确定性来应对外部环境的不确定性，真正做到手中有粮、心中不慌。

要落实藏粮于地和藏粮于技战略，提高粮食综合生产能力，牢牢把住粮食安全主动权。在耕地保护上采取“长牙齿”的硬措施，严防死守 18 亿亩耕地红线，坚决遏制耕地“非农化”、防止“非粮化”，确保粮食播种面积稳定。要建好管好用好高标准农田这个

“高产田”，用好养好东北黑土地这个“大粮仓”，挖掘品种、技术、减灾等稳产增产潜力，确保粮食产量稳定。坚持农业科技要自立自强，下决心打好种业翻身仗，用现代农业科技和物质装备强化粮食安全的支撑。

要强化政策保障，调动农民种粮和地方抓粮“两个积极性”。对农民要“辅之以利”，坚持和完善农业的价格和补贴政策，稳定种粮农民补贴，坚持并完善稻谷、小麦最低收购价政策，完善玉米、大豆生产者补贴政策，让农民种粮有利可图。对地方要“辅之以义”，地方党委和政府在粮食安全上要实行党政同责，主产区、主销区、产销平衡区要共同承担责任，统筹利用撂荒地发展粮食生产，确保各省（区、市）粮食播种面积和产量保持稳定。建设粮食生产功能区，建设粮食安全产业带，健全产粮大县支持政策体系，让主产区重农抓粮有动力、有热情、有干劲。

目前，我国粮食安全面临人口、耕地、环境等问题的严峻挑战，要着力构建现代乡村产业体系、现代农业生产体系、现代农业经营体系“三大体系”，加快推进农业现代化，实现粮食安全的终极目标。突出三产融合发展，构建现代乡村产业体系，推进粮食产业全产业链发展，实现粮食优产、优购、优储、优加、优销“五优联动”，推动粮食产业链、价值链、供应链“三链协同”；突出绿色转型方向，构建农业现代化生产体系，优化粮食生产布局，提高农产品质量和食品安全水平；突出适度规模经营，构建农业现代化经营体系，推进土地规模化经营，积极发展合作式、托管式、订单式等社会化服务，解决“谁来种地”的问题，提高粮食生产集约化、规模化、机械化水平。

（刊发于 2021 年 2 月 25 日时评版）

约束性指标释放重农抓粮强烈信号

评价粮食安全的指标体系有很多，近日发布的“十四五”规划和2035年远景目标纲要，推出了“安全保障”类指标，把“粮食综合生产能力”作为粮食安全的约束性指标。相关指标成为测度我国坚决保障粮食安全信心和决心的标尺，不仅释放出重农抓粮的强烈信号，而且对于抓紧抓好粮食生产具有重要的导向和约束作用。

在各种传统与非传统安全挑战中，粮食安全是关系国家发展与安全大局的头等大事，党中央、国务院始终高度重视，社会各界高度关注。“十三五”时期，我国农业现代化稳步推进，粮食年产量连续稳定在1.3万亿斤以上，人均粮食占有量超过470公斤，高于国际公认的400公斤安全线，实现了谷物基本自给、口粮绝对安全。然而，粮食安全的潜在风险仍然存在，农业现代化仍是突出“短板”，农业基础还不稳固，粮食结构性短缺问题凸显。面对日益复杂的国际环境和新冠疫情全球蔓延形势，国际市场不稳定性不确定性明显增加，保障粮食安全、稳定粮食产能更具特殊重要意义。

“十四五”时期是我国开启全面建设社会主义现代化国家新征程的第一个五年。端牢中国饭碗，必须立足新发展阶段，贯彻新发展理念，构建新发展格局，推动高质量发展，实施粮食安全战略，从粮食生产、储备、进口以及节约粮食等方面采取切实有效的措施，筑牢粮食安全屏障。

实施分品种保障策略，夯实粮食生产能力基础，确保粮食和重要农产品供给安全。抓好土地和良种两个关键，深入实施藏粮于地、藏粮于技战略。严守耕地红线，稳定并增加粮食播种面积和产量，以粮食生产功能区为重点，建设国家粮食安全产业带，建成 10.75 亿亩集中连片高标准农田，实施黑土地保护工程。开展种源"卡脖子"技术攻关，打好种业翻身仗，实现"中国粮"用"中国种"。深化农业结构调整，优化农业产业布局，推进"粮经饲"统筹、农林牧渔协调，优化种植业结构，大力发展现代畜牧业，促进水产生态健康养殖。推进粮食生产绿色发展，深入实施优质粮食工程，持续扩大绿色优质粮食供给。健全农业支持保护制度，完善粮食主产区利益补偿机制，构建新型农业补贴政策体系，完善粮食最低收购价政策。

提高粮食储备调控能力，充分发挥储备粮"定海神针"的作用。目前我国已建立比较完善的粮食储备制度和粮食应急保障机制，有效发挥了守底线、稳预期、保安全的关键作用。"十四五"时期，要深化粮食等农产品收储制度改革，加快培育多元市场购销主体，改革完善中央储备粮管理体制。增强粮食宏观调控能力，不断充实政策"工具箱"，保障国内粮食市场供应和运行平稳，确保粮食价格基本稳定。

适度进口是粮食安全战略的重要组成部分。积极开展重要农产品国际合作，健全农产品进口管理机制，优化国际市场布局，开辟粮食多元化进口渠道，发挥进口调节作用。培育国际大粮商和农业企业集团，积极支持企业融入全球产业链供应链，提高跨国经营能力和水平。引导企业加强合规管理，加强农产品供应链风险管理能力。

开展节约粮食行动是保障粮食安全的有效举措。在生产流通环节，可以通过采取节粮减损技术、推进粮食产后服务等举措，有效降低粮食生产、储存、运输、加工环节损耗；在粮食消费领域，应积极倡导文明消费，加强粮食安全教育，大力营造爱粮节粮、健康消费的社会新风尚。

（刊发于 2021 年 3 月 18 日时评版）

稳产增产是端牢中国饭碗底气所在

农时不等人。眼下，春耕生产从南到北陆续展开，田园里一派繁忙景象。今年《政府工作报告》明确提出“粮食产量保持在 1.3 万亿斤以上”的目标。农业农村部也立下“军令状”，确保今年粮食产量稳定在 1.3 万亿斤以上，力争稳中有增。锚定粮食稳产增产的目标，全力以赴抓好粮食生产，夯实粮食安全的“压舱石”，是应对国内外各种风险挑战的底气所在。

粮食生产、储备和进口是保障粮食安全的三大途径。我国创造了粮食“十七连丰”的奇迹，粮食产量连续 6 年稳定在 1.3 万亿斤以上，储备充足，为稳定经济社会发展大局提供坚实支撑。然而，粮食结构性矛盾日益凸显，玉米、大豆等饲料原料产需缺口扩大，进口量持续增加，价格处于历史高位。适度进口饲料原料，能够有效填补国内粮食产需缺口，但粮食进口容易受到新冠疫情、经贸摩擦、冲突等诸多因素影响，市场风险和不确定性较多。面对国内外日益复杂的政治经济形势，必须始终紧绷粮食安全这根弦，切实稳定粮食生产，保持粮食稳产增产，以国内粮食生产的稳定性应对国际市场的不确定性，牢牢把住粮食安全的主动权。

提高粮食综合生产能力是确保粮食稳产增产的前提。“十四五”规划和 2035 年远景目标纲要把“粮食综合生产能力”作为维护粮食安全的约束性指标，这对粮食稳产增产具有约束性作用。经验表明，土地、水、劳动力、农业技术、农药、化肥、农机、农业支持政策等任何一个生产要素的变化都会影响粮食产能。经过多年不懈努力，我国粮食综合生产能力显著提升，形成了比较稳定的粮食生产体系和完备的农业农村政策体系，能够抵御重大旱灾、洪涝灾害、雪灾、台风、病虫害等自然灾害以及政策变动造成的粮食产量大幅波动。不过，在土地、水资源和环境的硬约束下，粮食增产难度越来越大。

实现粮食稳产增产目标，必须持续不断提高粮食综合生产能力，释放活力，激发动力，挖掘潜力。一是稳面积。严守耕地红线，用好用足耕地资源，提高高标准农田建设标准和质量，强化耕地保护。二是强科技。优良品种和装备技术是粮食稳产增产的关键。打好种业“翻身仗”，培育具有自主知识产权的优良品种，通过提升育种技术实现粮食产量稳中有增。提升农业装备水平，推动粮食生产机械化、智能化。三是稳政策。建设国家粮食安全产业带和农业现代化示范区，完善农业灌溉设施，巩固提升粮食生产能力。稳定种粮农民补贴，适度提高稻谷、小麦最低收购价，扩大三大粮食作物完全成本保险和收入保险试点范围，调动农民种粮积极性和主动性，有助于恢复撂荒地耕种，提高粮食复种指数，提高粮食产量。

一年之计在于春。春耕生产是全年粮食生产的关键环节，对于实现全年粮食稳产增产目标至关重要。地方各级党委和政府要扛起粮食安全的政治责任，实行党政同责，抓好春耕生产。强化组织领导、强化政策落实，确保农资及时到村到店到户。抓好田间管理，推进科学防灾减灾，加强病虫害防控和自然灾害防治，推进粮食生产环节减损。紧盯关键农时，强化监测预警，加强粮食作物生产进度和苗情墒情调度，确保全面完成今年粮食稳产增产目标。

（刊发于 2021 年 3 月 25 日时评版）

增强全球粮食供应链管理能力

运输安全是全球贸易的生命线。近期，位于埃及境内的苏伊士运河接连发生两次货船堵塞事故，让已经遭受重创的全球贸易供应链雪上加霜，也给全球粮食贸易蒙上一层阴影。这一事故提醒我们，我国必须持续增强国际粮食供应链管理能力，确保进口粮食买得到、买得起、运得回，从而保证粮食进口安全。

粮食是海上干散货运输的主要货物之一，占整个海上干散货运输总量的 10% 以上，仅次于铁矿石及煤炭。目前全球粮食贸易航线以太平洋航线、大西洋航线和印度洋航线为主，这些贸易线路一旦受阻，就会成为全球粮食供应链的堵点，推高粮食价格。苏伊士运河是亚欧非之间繁忙的海上大通道，沟通地中海和红海，以运输原油、石油产品、液化天然气等能源产品为主，也少量运输粮食。

作为全球航运的咽喉要道，苏伊士运河断航凸显全球供应链的脆弱性，势必对全球能源市场产生影响，并间接影响世界粮价。但从目前来看，此次事故对我国粮食进口影响有限。这是因为，我国粮食进口来源地主要集中在美洲，从巴西、美国和阿根廷进口的大豆占总进口量的 90% 以上。从美国墨西哥湾沿岸地区和巴西、阿根廷进口的粮食要经过非洲好望角、马六甲海峡；从美国西部和加拿大西部进口的粮食以太平洋航线运输为主。近年来，我国不断拓展粮食进口来源渠道，从俄罗斯、乌克兰以及中亚和非洲等“一带一路”相关国家进口部分粮食。从中亚地区和俄罗斯进口的优质小麦主要以中欧班列运输为主，只有从乌克兰和法国进口的玉米和小麦会通过苏伊士运河运往中国，但总量相对较小。

物流运输只是全球粮食供应链中的一个环节，运输安全也只是影响全球粮食贸易安全的小概率事件。受新冠疫情冲击，目前全球粮食供应链物流链的稳定面临巨大挑战，增加了我国粮食进口安全的风险。随着世界政治经济环境变化，逆全球化趋势加剧，单边主义、保护主义抬头；新冠疫情对粮食生产、物流中转、终端配送等造成一定影响，引发了预期不稳和传导性恐慌，带来全球粮食价格和食品价格上涨。而且，我国在全球粮食市场上尚未形成一个完整的粮食供应链，大宗农产品贸易主要通过跨国大粮商进行采购。

苏伊士运河断航事故警示我们，运输安全对于确保粮食进口安全至关重要，必须着眼于长远，树立底线思维，增强全球粮食供应链管理能力。供应链相关企业须建立应急预案机制，遇到突发事件时做好风险对冲。应推进物流方面的国际合作，与各国携手加强全球物流基础设施建设，建立铁路、海运、空运为一体的多元化立体运输网络，确保粮食运输安全。应培育跨国大粮商，鼓励和支持国内粮食企业“走出去”，建立规模化海外粮食生产加工储运基地，充分利用国内国际两个市场两种资源，深化海内外合作，全面参与全球粮食产业链、价值链、供应链重构。应建立和培育政府、国际组织、商会协会及企业间多样化的伙伴关系，利用“一带一路”相关国家基础设施建设、产业转型升级等契机，在经贸合作的基础上，建立多元化粮食合作机制，促进粮食进口来源多元化，降低可能出现的贸易风险。

（刊发于 2021 年 4 月 8 日时评版）

警惕玉米价格频繁波动影响产业链

继去年玉米价格大幅上涨之后，今年一季度玉米价格经历了一个集中调整并逐步回落的过程，3 月份玉米价格高位回落，进入 4 月份，玉米价格波动频繁。

有人认为，近期玉米价格频繁波动是投机资本蓄意炒作粮价造成的。应该说，当前玉米价格频繁波动更多是多空博弈的结果。为了稳定玉米价格，今年以来国家相关部门打出一系列宏观调控“组合拳”，一方面大量进口玉米及其替代品，另一方面大量投放超期存储稻谷和小麦替代饲料，一定程度上改变了市场看涨预期。再加上 3 月份气温回升，农民和贸易商手中余粮加快出货，玉米价格高位回落。玉米价格快速下跌，导致贸易商惜售，华北地区用粮企业收购数量下降，玉米价格随之反弹。

玉米价格在合理范围内涨涨跌跌是一种正常的市场现象。玉米价格上涨，农民是直接受益者，春节前东北主产区农民储存的玉米 80% 在价格高位时卖掉了，玉米价格下跌对多数农民种植收益影响并不大。不过，春播前玉米价格下跌有可能会影响农民种植预期，国家有必要强化政策保障，稳定农民种植预期。对于下游养殖企业来说，玉米价格回落会进一步降低养殖企业生产成本，最终会惠及终端消费者；反之，玉米价格上涨会增加下游养殖企业成本，推动猪肉价格上涨，增加食品通胀压力。而囤粮的贸易商和投机资本则希望从玉米价格上涨中获利。因此，玉米价格不理性的暴涨暴跌，不利于农业稳定平衡发展，不利于行业健康发展，不利于调动农民种粮积极性，还会增加国家粮食宏观调控难度。

总的来看，经过市场自身调整和国家政策干预，目前国内玉米供需趋于基本平衡，市场预期最复杂最狂热的阶段已经过去，玉米价格暴涨暴跌的可能性不大。我国完全有能力利用国内国际两个市场两种资源确保国内玉米充足供应，国内饲料粮供应有充足保障。

从供给侧看，临储玉米去库存完成，玉米供应端进入全新格局。一是有关部门明确今年东北地区和黄淮海地区争取增加玉米种植面积 1000 万亩以上，农民种植玉米积极性较高，玉米增产有望；二是国内外玉米价差不断扩大，预计今年玉米及其替代品进口有望增加；三是库存稻谷和小麦面临去库存压力，国家加大投放库存稻谷和小麦替代玉米作饲料，饲料粮市场粮源充足。

从需求侧看，今年生猪产能有望完全恢复，饲用需求稳定增长，但随着猪肉价格下降，养殖户养猪积极性有一定回调，在客观上会减少一定的饲料需求；家禽和生猪养殖会出现“跷跷板”的情况；有关部门出台政策推动减少饲料配方中玉米使用量，用稻谷、小麦、杂粮等原料替代玉米；而且，玉米价格高位运行，难免对玉米消费形成一定抑制。

从长期来看，饲料用玉米和加工用玉米需求刚性增长，国内玉米紧平衡局面将长期存在。为了保障饲料安全，国家严格控制玉米加工业特别是燃料乙醇加工产能扩张，确保玉米加工业发展“不与人争粮，不与粮争地”。未来饲料需求增长将成为推动玉米价格上涨的主要动力。

面对复杂的国内外粮食市场形势，我国一定要保持粮食调控战略定力，冷静观察，精准出招。充分利用好国内国际两个市场两种资源，确保国内粮食生产稳定，统筹用好库存粮食，合理利用玉米及其替代品进口，多措并举解决饲料粮供应问题。但是，一定要谨防“人畜争粮”影响口粮安全，谨防玉米大量进口影响国内玉米产业安全。

（刊发于 2021 年 4 月 15 日时评版）

节粮减损依法治理仍任重道远

俗话说，勤勤俭俭满粮仓，大手大脚仓底光。我国粮食流通环节损失浪费惊人，有专家估算，我国现在每年粮食全产业链总耗损率约为 12%，粮食收购、储存、运输、加工、销售等流通环节损失损耗的粮食大约有 700 亿斤，约占全年粮食总产量的 5%。管理方式粗放、膳食结构不科学和节俭意识淡薄，是造成粮食损失浪费的主要原因。

粮食流通一头连接粮食生产源头，一头连接粮食消费终端，是确保粮食安全必不可少的重要环节。我国粮食连年丰收，粮食产量连续 6 年超过 1.3 万亿斤，每年大约有 70% 的粮食通过流通环节进入消费领域。4 月 15 日开始实施的《粮食流通管理条例》，对从事粮食收储、运输、加工的经营主体节粮减损作出专门规范，为依法节粮提供了重要的法律支撑，标志着我国节粮减损进入依法治理新阶段。

目前，我国粮食安全面临增产难度增大与损失浪费严重并存的现象。在全球新冠疫情肆虐、国际粮食市场不确定性增加，以及国内粮食供需长期紧平衡的态势下，我国要牢牢把住粮食安全主动权，把中国人的饭碗牢牢端在自己手上，必须坚持开源与节流并重，增产与减损并举。一方面，要毫不松懈地抓好粮食生产，实现粮食稳产增产的目标；另一方面，要千方百计推进粮食产业全链条节粮减损。可以说，节粮减损等同于粮食增产，是增加粮食有效供给的“无形良田”。

节粮减损是一个系统工程。近年来，有关部门大力推动建立政府主导、需求牵引、全民参与、社会协调推进的节粮减损长效机制，强化从田间到餐桌全链条精细化管控，统筹推进节粮减损和健康消费。

在生产环节，引导农户使用精量播种、机收减损技术，加强农机作业质量管控，减少播种环节种子浪费和收获环节粮食损失；在收储环节，完善粮食产后服务体系，引导和帮助农民做好科学储粮，实现颗粒归仓；在仓储环节，全面推进现代化粮食仓储设施建设，广泛采用绿色低温储粮技术和智能化技术，通过精细化管理，真正做到“宁流千滴汗，不损一粒粮”；在运输环节，加快现代物流设施建设，大力发展散粮汽车、火车专列、集装箱等物流方式，提升粮食物流信息化水平，减少传统包装运输带来的损失；在加工环节，以适度加工为突破口，开展全谷物食品研发，延伸粮食产业链，加强粮食加工副产品高效利用和循环利用，提高成品粮出品率和原粮综合利用率；在消费环节，杜绝“舌尖上的浪费”，真正做到消费不浪费。

如今，节粮减损已经成为我国保障粮食安全的重大战略举措，党中央、国务院高度重视节粮减损，“十四五”规划和 2035 年远景目标纲要以及今年的《政府工作报告》，均明确提出开展粮食节约行动。但不可否认，我国粮食损失浪费问题仍比较严重，一部分人节粮意识仍比较淡薄，粮食全链条管理仍比较粗放，粮食流通领域依法节粮虽然迈出关键步伐，但节粮减损全链条依法治理仍然任重道远。

有关部门必须强化忧患意识，建立健全相关法律规范，加快推动粮食安全保障法的立法工作，实现全链条依法管粮、依法节粮，把珍惜粮食、勤俭节约的传统美德转化为法律规范和全社会的行为准则，让节约粮食成为一种行为习惯，以节粮减损促进粮食安全保障水平的提升。

（刊发于 2021 年 4 月 22 日时评版）

放开粮食收购不是放任不管

粮商们心里的一块石头落地了。今后，他们不用再费力跑腿申请粮食收购资格，不用再担心无证收购粮食会受处罚——新修订的《粮食流通管理条例》取消了粮食收购资格许可制度，无证收粮违法从此成为历史。目前，各地正在积极落实取消粮食收购许可有关事项。不过，粮食收购并非“一放了之”，而是要转变收购管理方式，强化粮食收购事中事后监管，维护粮食市场秩序，保障国家粮食安全。

改革开放以来，我国粮食流通体制市场化改革从统购统销、合同定购、“双轨”制到全面市场化，不断增强粮食市场活力。2004年全面放开粮食收购市场，《粮食流通管理条例》颁布实施，从法律上正式确立了粮食收购许可制度。之后，粮食生产连年增产，部分粮食品种出现阶段性结构性过剩问题，粮食收储制度改革势在必行。2016年我国推进粮食收储市场化改革，粮食部门出台《粮食收购资格审核管理办法》，取消了面向个人的粮食收购许可证要求，个人从事粮食收购活动不再需要办理粮食收购资格。

粮食收购许可制度颇具时代特征，曾为维护粮食市场平稳运行、保障国家粮食安全作出重要贡献。这项制度实行17年来，我国粮食流通全面步入市场化、法治化轨道，粮食生产获得“十七连丰”，粮食产量先后迈过5亿吨大关和6亿吨大关，并且连续6年稳定在6.5亿吨以上，取得了举世瞩目的辉煌成就，把饭碗牢牢端在自己手上。现在，粮食收购许可制度已完成历史使命，退出历史舞台，这是粮食流通体制改革大势使然，是新时代社会主义市场经济体制改革大势使然。

有人担心，粮食收购放开后，越来越多的粮食企业和个人会涌入粮食市场掘金，有可能会带来更多的市场风险，一些投机商会囤积粮食，操纵市场，造成粮价暴涨暴跌。这种担心并非没有道理。去年以来，受新冠疫情影响，国内市场主体预期粮价上涨，有投机商借机炒作粮价，成为国内粮价上涨的重要推手。可见，有时市场也会“脱缰”。

放开并不意味着“放任”。新修订的《粮食流通管理条例》坚持放管结合，取消了粮食收购许可制度，并没有取消监管和弱化服务，而是确立了粮食收购备案管理制度，建立了粮食经营者信用档案，凡是收购粮食的企业需要向当地政府备案。这实际上是转变管理方式，由以前粮食收购许可制度的事前管理，转变为备案管理制度的事中事后监管。各级发展改革部门、粮食和物资储备行政管理部门都要不折不扣落实取消粮食收购资格许可相关规定，不得“明放暗不放”，不得以任何理由、任何形式变相搞收购许可，不得以备案之名行审批之实。

取消粮食收购许可，是粮食流通全面走向市场化的重要举措。需要正确处理政府与市场的关系，厘清政府与市场的边界，推动有效市场和有为政府更好结合。一方面，要充分发挥市场在粮食资源配置中的决定性作用，推动粮食资源配置实现效益最大化和效率最优化，让粮食经营者有更多活力和更大空间发展粮食经济、创造更多财富；另一方面，要更好发挥政府作用，着力营造公开透明、公平竞争、规范有序的市场环境，创新服务方式、提高服务效能，持续提升为农为企服务水平。要真正让监管“长牙齿”，严肃查处扰乱市场秩序、损害农民利益的违法行为，管住那些市场管不了或管不好的事情，弥补市场失灵的缺陷。

（刊发于 2021 年 4 月 29 日时评版）

合力打赢“虫口夺粮”保卫战

人生病要治疗，庄稼有病虫害了，也需要治。小麦条锈病与赤霉病、水稻“两迁”害虫、草地贪夜蛾、黏虫、玉米螟、红蚂蚁……今年受气候条件和境外虫源入侵等因素影响，农作物病虫害呈重发态势。有专家估算，我国农作物常年发生的病虫草鼠害种类达 1600 余种，其中可造成严重危害的有 100 多种，每年因病虫害导致粮食损失 1400 万吨。

减少粮食病虫害损失，对于今年我国实现“粮食产量保持在 1.3 万亿斤以上”稳产增产的目标意义重大。目前，“虫口夺粮”保卫战已经打响，这是一场只能赢不能输的战争。我国病虫害存在类型较多、破坏性强、周期长等特点，防治难度大；而且，一家一户小农生产仍然占据主导地位，农村劳动力短缺、土地经营规模小、机械化水平低等问题的存在，使得病虫害防治难上加难。谁去防虫治病？这是当前我国粮食植保过程中必须面对的问题。

近年来，我国探索统防统治、联防联控的病虫害防治模式，积极引导和扶持病虫害防治专业服务公司、专业合作社等新型植保社会化服务组织，开展社会化、规模化、集约化病虫害防治，应用生物、生态、物理、化学等多种防治措施，使用高效、低毒、环境友好型农药，提高施药技术，提高农药利用率，实现粮食降本增效，推动了粮食生产绿色发展。目前，我国农作物病虫害专业化统防统治发展如火如荼，一大批病虫害防治专业服务公司、专业合作社等新型植保社会化服务组织做得风生水起。据统计，2020 年全国专业化统防统治服务组织达 9.3 万个，三大粮食作物病虫害统防统治覆盖率达 41.9%。

如今，新型植保社会化服务组织逐渐发展成为我国病虫害科学防治、绿色防治的主力军，有效解决了病虫害防治中存在的难点和痛点。一是解决了“谁去防虫治病”的难题。二是解决了“一家一户”小规模经营防治难度大、用药成本高的问题。有的植保社会化服务组织一年作业面积达十几万亩甚至几十万亩，通过与农药制造企业加强合作，能够获得直供直销的大包装农药。三是提高了粮食植保机械化水平。我国粮食耕种收机械化水平虽然达到 80% 以上，但受到地理条件限制，植保机械化水平仍然很低。在利益考量下，植保社会化服务组织大量采用高效植保机械和农用无人机作业，一台植保机械一天作业面积 50 亩左右，一架农用无人机一天作业面积 500 亩左右，而 1 个劳动力一天作业面积最多 5 亩左右。四是通过推广使用精准施药技术和绿色防控技术，有效减少个人施肥打药“跑冒滴漏”，实现农药减量化目标。实践中，有的农户用药意识淡薄，在打药过程中存在“多打药”“乱打药”“打保险药”等现象，会造成农药污染和超标残留。

随着农业现代化水平的不断提升，我国逐步构建起现代植保防灾减灾体系，形成一整套成熟的应对方案，能够做到“全国一盘棋”防控病虫害。然而，一些地方仍然存在农民传统防治观念浓厚、药物机械不配套、防治质量存在纠纷、防治服务费欠账等问题，影响病虫害有效防治。

各地只有积极扶持植保社会化服务组织做大做强，不断提升专业化统防统治覆盖率，打好小麦“两病一虫”防控突击战，打好水稻“两虫两病”防控攻坚战，打好玉米草地贪夜蛾防控阻击战，千方百计保持粮食发展好势头，才能赢得全年粮食丰收主动权。

（刊发于 2021 年 5 月 6 日时评版）

种粮赚钱不能仅靠涨价

日前召开的国务院常务会议明确提出“让农民种粮有钱赚”，这与今年中央一号文件提出的“让种粮有合理收益”一脉相承。对农民来说，种粮自然会算经济账。愿不愿意种，愿意种多少，关键要看能不能赚到钱。现在国家出台一系列措施，旨在通过治本之策充分调动农民种粮积极性，促进粮食生产稳定发展，切实提高粮食安全保障能力。

种粮比较效益低，一般家庭仅仅靠种粮来致富比较难。这是毋庸讳言的基本事实。小农户是我国粮食生产的主力军，种粮收益低于种蔬菜、水果等经济作物收益，低于养鱼、养虾、养蟹等养殖业收益，低于外出打工收入。农民辛苦劳作一年，种一亩粮的年收入，有时甚至不及打工一天赚得多。这也是部分农村出现耕地“非农化”“非粮化”现象，甚至弃耕抛荒的重要原因。

以往经验告诉我们，农民种粮收入高低与粮价涨跌直接相关。粮价上涨，农民种粮收入会增加，反之亦然。去年国内粮价出现持续性上涨，打破了粮价长期低位运行态势，种粮农户收入有所增加。今年国内粮价高位运行，国际粮价持续上涨，进一步强化国内粮价上涨预期，农民种粮积极性提高。从目前粮食生产情况看，冬小麦面积实现近 4 年首次增加，早稻面积保持稳定，玉米面积比上年增加，这为全年粮食稳产丰收奠定了较好基础。

然而，必须清醒认识到，粮价上涨，种粮成本也在上涨。今年人工成本、土地租金和农药、化肥等农资价格普遍上涨，一些地方耕地租金亦水涨船高，这势必会吞噬掉粮价上涨带来的部分收益。而且，农业生产中一直存在“谷贱伤农”这种“丰收悖论”现象，粮食丰收了，粮价可能会下跌，农民增产不增收。

也就是说，让农民种粮有钱赚，仅靠粮价上涨是不现实的，还需要加大种粮补贴力度。今年我国继续稳定和完善稻谷小麦最低收购价政策，提高籼稻和小麦最低收购价水平。稳定和完善玉米生产者补贴、轮作补贴、耕地保护补贴、农机购置补贴等补贴政策，让农民种粮有收益、不亏本。扩大稻谷、小麦、玉米三大粮食作物完全成本保险和收益保险试点范围，通过风险管控确保农民在遭受自然灾害的情况下能保本有收益。

让农民种粮有钱赚，根本途径还在于提高粮食综合生产能力，加快构建现代农业生产体系、经营体系和产业体系，为农民增收打下坚实基础。

首先，真正落实“藏粮于地”和“藏粮于技”战略。加强耕地保护，严守耕地红线，坚决遏制耕地“非农化”，严格管控“非粮化”，建设旱涝保收、高产稳产高标准农田，不断改善粮食生产条件。强化农业生产科技支撑，解决好种子问题，提高稻谷、小麦品质和大豆油脂含量，提高粮食单产和市场适应度。

其次，发展多种形式的农业适度规模经营和周到便利的社会化服务，降本增效，从根本上解决粮食生产中存在的“谁来种地”“地怎么种”和土地“碎片化”等问题。

此外，大力发展粮食产业经济，深入实施优质粮食工程，通过优粮优产、优质优价解决种粮比较效益偏低的问题，真正实现增产又增收。

粮食是一种关系国计民生的特殊商品，一头连着种粮农民，一头连着消费者。国家必须兼顾好种粮农民和消费者利益，加大粮食调控力度，提高调控的精准度，做好粮食收购、储备和市场调节，保障粮食稳定供应，确保粮食价格波动在合理范围内，真正做到“为耕者谋利、为食者造福”。

（刊发于 2021 年 5 月 13 日时评版）

强化小麦市场预期管理刻不容缓

在新、陈小麦接替的敏感期，有关部门近日宣布暂停政策性小麦拍卖，为新麦上市让路。此举是否会影响市场稳定供应？从目前来看，在政策性小麦暂时退出市场后，小麦供应不会出现“空窗期”。

先看供给。虽然市场流通的2020年产小麦经过长时间消耗所剩不多，但部分农民和贸易商等市场主体仍持有2020年产小麦，一些面粉加工企业去年建库较多，甚至个别面粉企业也在销售小麦。从进口看，受成本优势影响，今年1—3月我国累计进口小麦292万吨，有助于调剂国内余缺。从新麦看，湖北小麦已经开始收割，局部地区新麦零星上市。市场素来“喜新厌旧”，随着新麦大量上市，新、陈小麦会加速接轨。

再看存储。在新麦上市之前，中储粮和地方储备库正在加大储备小麦的轮换出库力度，这会增加小麦市场供应。政策性小麦拍卖暂停，与各级储备小麦轮换销售错峰衔接，产生一个对冲作用，可以减轻小麦市场波动。据了解，中储粮和地方储备库为了确保储备小麦常储常新，每年都会轮换20%~30%的储备小麦。

与此同时，我们还应认识到政策性拍卖对小麦市场具有“稳压器”的作用。一般情况下，新麦上市会在一定程度上冲击市场，导致粮价阶段性下跌。政策性小麦拍卖按下暂停键，有利于稳定小麦价格、保护种粮农民利益。

暂停政策性小麦拍卖是根据市场供需形势采取的一种常规调控手段。以前每到夏粮收购期间，有关部门一般都会暂停政策性小麦拍卖，但也有例外。去年受新冠疫情影响，新麦价格高开高走，一些地方甚至出现抢购小麦的现象。为了保障市场稳定供应，有关部门没有暂停小麦拍卖，中储粮和部分地方储备库延长轮换架空期，有意减少储备粮采购数量。去年秋粮收购高峰期，东北产区玉米价格居高不下，市场粮源紧张，有关部门打破常规，在东北定向投放玉米，满足用粮企业需求。这说明，国家进行粮食调控更加成熟理性，更加收放自如。

今年，国家在主产区继续实施小麦最低收购价政策，但今年小麦市场行情好，市场主体入市收购的积极性较高，预计市场化收购仍将占据主导，启动托市收购的可能性不大。但要注意到，受新冠疫情影响，去年以来国内市场上一直弥漫着粮食短缺的焦虑情绪，农民惜售、贸易商囤粮、加工企业增加库存现象并存。今年国际粮价持续上涨，国内小麦市场看涨预期较强。因此，夏粮收购期间，适时适度用好政策工具，强化粮食市场预期管理刻不容缓。

（刊发于 2021 年 5 月 20 日时评版）

建立节粮减损长效机制

5月22日，“共和国勋章”获得者、首届国家最高科学技术奖获得者、中国工程院院士袁隆平驾鹤西去。人们从四面八方自发赶往湖南长沙，眼含热泪，冒雨送别，对他致以崇高的敬意。他像一座大山，给了人们足够的粮食安全感。而我们对他最好的缅怀，就是好好吃饭，节约每一粒得来不易的粮食。

袁隆平院士生前为粮食增产的目标坚持奋斗。从第一代杂交水稻到第二代杂交水稻，再到第三代杂交水稻，一次又一次突破亩产纪录，700公斤、800公斤、900公斤、1000公斤、1152.3公斤，为保障中国粮食安全和世界粮食安全提供了有力支撑。而今，他的禾下乘凉梦和杂交水稻覆盖世界梦尚未完全实现，将激励着千千万万农业科研工作者传承梦想、继续前行。

当人们还沉浸在缅怀与悲伤中的时候，我国粮食损失浪费的现象却依然严重，名目五花八门，令人痛心。比如，前几年某舞蹈演员为了舞台效果，用2吨麦子做实物道具，引发“这是艺术还是浪费”的争议；前一段时间，网络直播“大胃王”宣扬过度消耗资源，因为与厉行勤俭节约的社会风气格格不入，被强制停播。须知，我们仅仅过了几十年吃饱饭的日子，仅仅是稍微有一点存粮，没有任何理由浪费粮食、糟蹋食物。

更多的粮食浪费来自粮食全产业链各个环节的损失。数据显示，我国每年在储存、运输、加工环节损失的粮食高达700亿斤，接近于吉林省2020年粮食产量。有专家估算，每年粮食餐饮环节浪费的粮食相当于3000万—5000万人一年的口粮。粮食损失浪费已经成为影响国家粮食安全的潜在隐患。因此，“十四五”规划和2035年远景目标纲要把节约粮食作为保障国家粮食安全的重要举措。

我国要牢牢把住粮食安全主动权，端牢中国饭碗，必须坚持粮食增产与减损“两条腿走路”。受耕地、水资源短缺和环境承载力有限的硬约束，粮食增产难度越来越大，因此节约粮食就等于变相增加产量。要建立节粮减损的长效机制，用科技、法治、引导等手段推动粮食全产业链各个环节减损，遏制“舌尖上的浪费”，在全社会形成节约粮食、反对浪费的良好氛围。

巨星陨落了，而那一颗编号为“8117”的袁隆平星，依然闪耀在夜空。人们需要把悲伤转化为力量，凝聚成节约粮食的社会共识，用实际行动节约每一粒粮食，以节约粮食促进国家粮食安全，共同扛起粮食安全的重任。

（刊发于2021年5月27日时评版）

用好用活粮食储备资源

用好用活政策性库存粮食，保障粮食有效供给，是保供稳价的重要举措。今年以来，受国际传导等因素影响，国内大豆、玉米及其他粮食价格高位运行，给相关产业带来一定成本压力。有关部门开启粮食调控政策“工具箱”，充分发挥储备粮调节作用，为粮市降温，取得明显成效。

我国人多地少，粮食供求长期处于紧平衡状态，洪涝灾害、新冠疫情、国际粮食危机等因素都可能引发粮食价格波动。实现粮食供需基本平衡，就需要用好用活储备调控资源，调节市场供求，既要防止粮食供应短缺引发粮价大幅上涨，又要防止粮食供应宽松造成粮价震荡下跌。在粮食供求紧平衡的态势下，粮食调控须拿捏好分寸。

目前，我国已经建立起运转高效、管理规范的粮食储备体系，政策性粮食库存充足，调控资源丰富而有力，主要包括中央储备粮、地方储备粮和最低收购价粮等政策性库存。稻谷和小麦库存够全国消费 1 年，36 个大中城市和市场易波动地区还建立了能够保障 15 天以上的成品粮油储备，为保供稳价奠定了坚实的物质基础。今年以来，针对国内粮价上涨压力，有关部门持续投放政策性小麦和稻谷，积极发挥中央和地方两级储备吞吐协同效应，形成调控合力，确保市场平稳运行。

对于我国这样一个拥有14亿人口的大国来说，粮食储存多一些，粮食安全系数就会高一些。目前，我国粮食库存消费比远高于联合国粮农组织提出的17%~18%的世界粮食安全警戒线。充足的粮食储备是保供稳市的“定海神针”，我国储备粮足以应对各种局部的、时段性的粮食供求波动，各种偶发的市场供应紧张问题不至于形成连锁反应。例如，去年湖北省应对新冠疫情时，各级储备粮就发挥了重要作用。

不仅如此，在保证口粮绝对安全的同时，还需在储备粮品种结构安排上，兼顾主要副食品有效供应。目前，政府粮食储备中的小麦、稻谷口粮品种占比超过70%，玉米、大豆饲料品种在中央储备中占比较小，在地方储备中则更加少。随着消费需求的升级，大豆和玉米等饲料粮需求量有增大趋势。所以，应适当增加玉米和大豆等短缺品种储备规模，这样不仅能促进储备粮从总量安全向品种结构合理转变，而且有利于整合资源，发挥规模优势，对外提高国际议价能力，对内提高市场调控效果。

值得注意的是，有人认为粮食储备调节是逆市场化的操作，笔者以为，这一观点是错误的。我国粮食储备体系是在深化粮食流通体制改革过程中逐步建立完善的，是粮食购销全面走向市场化的必要条件。从历史经验看，粮食流通必须坚持市场化改革大方向，绝不能走回头路，但也不能完全放任不管。要避免市场失灵导致粮价暴涨暴跌，就必须在保证市场发挥决定性作用的前提下，更好发挥政府储备粮调节作用，确保粮食保供稳价目标。这是必不可少的。

（刊发于2021年6月3日时评版）

对炒作粮价投机行为“亮剑”

今年新麦上市以来，价格呈上涨态势，一些地方甚至出现争抢粮源、哄抬价格的现象。对此，相关部门近日频繁“亮剑”，坚决打击炒作粮价投机行为。在我国粮食库存充足的形势下，下一步新麦价格市场走势如何，受到社会高度关注。

新麦价格上涨受粮食供求、市场预期以及全球粮价上涨等多重因素影响。从国内市场看，国内玉米价格继续高位运行，玉米、小麦价差进一步缩小，饲用小麦需求大幅增加，越来越多的饲料企业入市收购小麦。新冠疫情带来的不确定性，强化了市场涨价预期，贸易商囤积粮食、加工企业增加库存、农民惜售，都在一定程度上推动小麦等粮食价格上涨。从国际市场看，全球粮食价格持续 12 个月上升。联合国粮农组织（FAO）6 月 3 日发布的数据显示，5 月全球粮食价格指数达到 127.1，为近 10 年最高水平，玉米、大豆和小麦等粮食品种价格都在上涨。

与此同时，投机资本炒作的作用也不可低估。时至今日，粮食具有很强的金融属性，粮食价格不仅受供求关系等传统因素影响，还受到货币供应、资本市场等非传统因素影响。当前，全球流动性过剩，货币相对贬值，粮价水涨船高，投机资本乘机炒作，进一步推动粮价上涨。近年来，我国粮食市场受到境内外投机资本的热捧。

今年上半年，政策性小麦拍卖成交率和溢价屡创新高，有关部门已多次出手抑制投机资本参与竞拍，为小麦市场降温。

新麦价格上涨，种粮农民成为直接受益者，但投机资本炒作粮价会加剧市场不安情绪，增加相关企业生产成本，影响低收入者的生活。因此，国家市场监管总局、国家发展改革委两部门近日联合行动，坚决打击囤积居奇、哄抬价格、捏造散布涨价信息等行为。国家粮食和物资储备局6月中旬即将启动全国粮食流通“亮剑2021”专项执法行动，严查粮食流通中的违法违规行为。期待相关“组合拳”能在短期内有效维护粮食市场秩序，促进粮食价格稳定。

长远来看，做好粮食保供稳价工作，还需要深化价格改革，健全以财政、储备调控、进出口调节为主的调控手段。应保持粮价支持政策的战略定力，继续实施稻谷和小麦最低收购价格，充分发挥市场机制作用，实现好粮卖好价。玉米、大豆等大宗农产品对外依存度高，调控难度大，需要综合运用储备、进出口、财税、金融等综合调控措施应对价格异动。应进一步强化市场预期管理，创新丰富预期管理手段，释放正面信号，合理引导市场预期。

粮食稳产增产是粮食保供稳价的底气所在。财政部和农业农村部日前联合印发通知，对今年中央财政支持粮食生产的一揽子政策进行全面部署。有关方面要把握政策实施的着力点，多管齐下，统筹协调，确保全年粮食稳产增产，为保供稳价夯实基础。

（刊发于2021年6月10日时评版）

国际粮价上涨主因是什么

新冠疫情发生以来，西方一些人炮制了一种别有用意的论调：“中国需求”是导致国际粮价上涨的主因。事实是最好的回答。中国经济率先走出疫情阴影，生猪产能快速恢复，饲料粮需求增加，大豆、玉米及其替代品进口创历史新高。“中国需求”在本轮全球粮价上涨中所起到的作用并不显著，全球流动性过剩和国际资本投机炒作才是造成全球粮价连续12个月上涨的主要因素。

我国粮食存在结构性短缺问题，饲料粮特别是大豆对外依存度较高，每年大豆进口量占全球大豆贸易量的60%，这成为西方舆论界经常拿“中国需求”说事儿的重要原因。不过，需要澄清的是，虽然中国是全球大豆最大买家，但真正影响全球大豆价格的不是中国，而是美国。

这是因为，美国芝加哥期货交易所是世界粮食定价中心，美国ADM、邦吉、嘉吉和法国路易达孚四大国际粮商在全球进行全产业链布局，垄断全球80%的贸易量，在国际粮食定价话语权中占据主导地位。近年来，中国不断增强全球粮食供应链管理能力，推进大豆进口渠道多元化，但是在全球粮食贸易中还没有掌握定价主导权，一旦国际贸易商和供应商炒作粮价，中国依然只能被动跟随。

刻意放大并炒作“中国需求”，进行市场误导，是国际贸易商和供应商拉抬国际粮价、收割全球财富的惯用手段。而中国恰恰是这种市场投机炒作的受害者。回想2003—2004年，中国大豆产能扩张，大豆需求增加，恰逢中国企业赴美购买大豆之际，美国农业部预警2004年美国大豆减产，价格暴涨90%以上。当中国企业以高价拿下美国大批订单后，美国大豆产量不减反增，全球大豆价格疯狂下跌，跨国粮商乘机收购了中国大豆压榨企业。去年以来，中国生猪产能加速恢复，饲料需求增加，国际贸易商和供应商再次炒作“中国需求”，炒作手法老套，但效果立竿见影。

目前来看，所谓“中国需求”对本轮全球粮价上涨的影响并不大。这是因为我国小麦、大米和玉米三大主粮进口量占全球贸易量的比重很小，进口量占全球产量的比重更小。数据显示，2020年，我国进口小麦、玉米、稻谷分别占全球小麦、玉米、稻谷产量的1.09%、0.98%和0.58%，占贸易量的4.49%、4.91%和6.13%。大豆进口量占全球大豆贸易量和生产量的比重分别多年维持在60%和30%左右。反观美国等西方发达国家，去年以来为了刺激经济发展，实行货币量化宽松政策，造成全球流动性过剩，推高了以美元计价的全球大宗农产品价格。

同时还要看到，尽管我国需求对全球粮价上涨影响有限，但玉米、大豆价格攀升给相关产业带来挑战，以及我国用粮企业普遍面临较大成本压力等问题，仍需重视。目前，随着全球玉米、大豆价格持续走高，我国生猪养殖成本明显上升。由于猪肉价格在经历两年连续暴涨之后，今年出现价格下跌，很多养殖场因成本与售价倒挂而陷入亏损境地。为了避免全球粮价上涨带来输入性通货膨胀风险，我国正在加大精准调控力度，综合运用储备、进出口、财税、金融等调控措施，确保粮食有效供应，确保粮食保供稳价。

有鉴于此，面对西方一些人再次抛出“中国需求”的陈词滥调，切不可被其妖言所蛊惑，而要进一步认清美国货币超发导致全球流动性过剩，造成全球大宗商品价格上涨的深层逻辑。通过加强国际多边合作，携手解决当前世界普遍面临的通货膨胀难题。毕竟，经济发展才是硬道理。

（刊发于 2021 年 6 月 17 日时评版）

稳定农民种粮收益不能含糊

近一段时间，种粮农户的好消息不断。为了稳定种粮农民收益，日前召开的国务院常务会议决定对实际种粮农民一次性发放 200 亿元农资补贴，并扩大粮食作物完全成本保险和种植收入保险实施范围，增强农民抵御风险能力。这进一步释放重农抓粮的强烈信号，有利于稳定种粮农民信心，实现今年粮食稳产增产目标，保障国家粮食安全。

庄稼一枝花，全靠肥当家。去年以来，粮食生产成本有所上升。在需求拉动、生产成本上涨等因素综合作用下，尿素、钾肥、磷肥等农资价格快速上涨。从需求看，受粮价上涨的影响，农民种植意向增强，购买农资积极性较高。从生产成本看，受国际传导等多重因素影响，国内煤炭、石油等能源价格上涨，推动农资生产成本上升。虽然有关部门投放储备化肥以后，主流化肥品种价格出现回落，但尿素价格仍然居高不下。

粮价是百价之基。如果粮食价格暴涨暴跌，就不利于稳定种粮农民信心。去年以来，粮食价格持续上涨，导致相关产业生产成本增加，下游养殖、加工企业经营压力增大。国家出台一系列保供稳价的调控措施，粮食市场降温效果明显，玉米价格有所回落。粮价下跌有利于缓解下游相关产业生产成本压力，但在一定程度上会伤害农民种粮积极性。

在生产成本上升和粮食价格调控的双重影响下，农户种粮收益难免受到影响。一些合作社通过土地流转实现规模化经营，利用自身的渠道资源优势，与农资生产企业直接对接，通过团购等形式以相对低价采购农资，降低种植成本。然而，小农户仍然是我国粮食生产经营的主力军，承担着粮食生产和主要农产品供给的任务，同时也承受着自然风险和市场风险等挑战。

国家发放一次性农资补贴资金，能够有效弥补农民种粮的农资增支，保证农民种粮收益相对稳定。为了避免农业补贴“吃大锅饭”现象，这次农资补贴突出补贴的精准性和指向性，把农资补贴同粮食生产直接挂钩，明确指出是对实际种粮农民一次性发放补贴。各地在实际操作过程中，不可“撒胡椒面”，而须仔细斟酌，切实补贴给实际种粮农民。

粮食生产比较收益本来就低，种粮农户特别是家庭农场、合作社等新型农业经营主体面临的生产经营风险日益增多，除了要承受市场价格波动风险外，还要承受台风、洪涝、干旱等极端天气以及病虫害等自然灾害风险。国家亟须建立农业补贴长效机制，从根本上稳定农民种粮收益。农业保险是分散农业生产经营风险的重要手段，是现代农业发展的“稳定器”。近年来，我国推进政策性农业保险全覆盖，一定程度上帮助农民摆脱了“靠天吃饭”的现状，但政策性农业保险覆盖面广，赔付额度低，抗风险能力有限。

农业保险由“保成本”向“保收入”转变，是大势所趋。国务院常务会议决定今年在全国 13 个粮食主产省份，对 500 个产粮大县实施稻谷、小麦种植完全成本保险和玉米种植收入保险，两种保险保障水平最高可达相应品种种植收入的 80%，既能有效弥补自然灾害、病虫害等导致的损失，又能有效弥补因价格、产量波动导致的损失。这无疑有利于稳定种粮农民信心，加速土地流转进程，犹如为国家粮食安全上了一把“保险锁”，确保把“中国饭碗”端得更稳更牢。

（刊发于 2021 年 6 月 24 日时评版）

提高国产大农机质量势在必行

最近，笔者在东北调研时发现，大型农机装备因为作业效率高，深受种粮农民欢迎，市场需求强劲。东北地区是“中华大粮仓”，也是国内外大型农机必争之地。然而，部分国产大农机性能不稳定，影响作业效率和质量，难讨得用户欢心。国产大农机亟须提高产品质量和性能，更好赢得用户信任，稳固自身市场地位。

随着城镇化的推进，我国农村劳动力减少，“谁来种地”的问题日益突出。提高农业机械化水平，有助于问题缓解。2020 年，我国农业耕、种、收综合机械化水平超过 70%，小麦、水稻和玉米耕种收综合机械率分别超过 95%、85% 和 90%，为粮食连年丰收提供了有力支撑。但是，双季稻栽植、粮食产地烘干等环节和丘陵山区机械化尚有不少短板，限制了粮食生产全程全面机械化的高质量发展。

在土地规模化加速发展的大趋势下，合作社、家庭农场等新型农业经营主体，纷纷采用大型农机作业实现降本增效，提高粮食种植效益。大型农机作业效率高，1 台六行大型播种机是 1 台两行播种机机械作业效率的 3 倍，相当于节省 2 个农机手、2 台拖拉机和 2 台播种机。如果 1 个农机手一天的工资 300 元，那么减少 2 个农机手，一天就能节省劳动力成本 600 元。如果按照一年农机作业时间 30天算，1 台六行播种机比 1 台两行播种机节省劳动力成本 1.8 万元。

从实践看，农机购置补贴政策对农机市场具有导向作用。2018年以来，国家加大对高端机具、智能装备包括粮食等主要农产品生产所需机具，以及深松整地、秸秆还田离田等绿色高效装备的农机购置补贴力度，对大型农机推广起到了助推作用。而且，国家明确把进口农机纳入补贴范围，这有利于促进国内外农机公平竞争，让农民得到真正的实惠。

在市场需求带动和农机购置补贴政策的双重作用下，国产大农机在研发制造技术、质量、外观设计等方面取得不俗的成绩，在大型高端农机市场争得一席之地，改变了进口农机长期垄断高端农机市场的局面。但与进口农机相比，大型国产农机核心技术特别是发动机、变速箱、电液系统、车桥、驾驶室等核心技术和关键零部件仍然依赖进口，机具的可靠性、适用性有待进一步提升。

产品质量是决定市场竞争胜负的关键。从用户体验看，他们更看重农机质量好不好，性能稳定不稳定。然而，国内一些农机制造企业习惯性使用低价竞争手段抢占市场，对产品质量重视程度不够。一些新的农机产品投放市场以后，即使暂时赢得了市场，如果质量不过关，性能不稳定，最终会输了口碑、丢了市场。当前国内农机制造企业要做的，就是脚踏实地做好产品，用产品质量赢得市场，让农民买得放心、用得安心。

提高农机质量并非一日之功，也不是喊喊口号就能解决的。国家需要保持战略定力，做好农机产业规划，加强大型农机研发投入，为农机产业发展指明方向。农机制造企业和科研机构要不断提高农机研发水平和制造能力，争取早日全面掌握发动机、变速箱等农机核心装置和整机可靠性技术，提高大型农机产品质量和性能稳定性，并利用信息化、智能化技术提升农机制造水平。

提高国产大型农机质量是一个系统工程，如果农机和农艺融合不够，品种选育、栽培制度、产后加工与机械化生产的适应性差，或者适宜机械化的基础条件建设滞后，都会影响大型农机作业质量。这需要政府部门、企业和科研单位加强合作协调，推进农机农艺融合，机械化信息化融合，推进土地规模化经营，加强高标准农田建设，推动农机装备产业向高质量发展迈进。

（刊发于 2021 年 7 月 22 日时评版）

种粮能否不再“靠天吃饭”

一场突如其来的罕见强降雨，给河南农业生产造成严重损失。

自古以来，种粮农民往往“靠天吃饭”。对于洪水、干旱、台风等极端天气，种粮农民难以抵御。今年，我国在粮食主产区大范围推进完全成本保险和种植收入保险，有望让投保农户彻底摆脱“靠天吃饭”的命运，基本实现“旱涝保收”，稳定种粮收益，更好调动农民种粮积极性。

农业保险是帮助种粮农民抵御自然灾害风险的有效手段，是保障国家粮食安全的重要举措。水稻、小麦和玉米是中国人饭碗里的三大主粮，必须确保谷物基本安全、口粮绝对自给。2007 年我国开始实施农业保险政策以来，三大主粮保险品种不断丰富，现在直接物化成本保险、农业大灾保险、完全成本保险和种植收入保险几类保险并存，从“保成本”逐渐向“保收入”迈进。

直接物化成本保险是一项面向全国农户的低保障、广覆盖的基本农业保险，覆盖种子、农药、化肥、灌溉、农膜等直接物化成本，保障水平约占生产总成本的 40%。农业大灾保险是一种过渡性的农业保险，主要面向适度规模经营主体，覆盖直接物化成本和土地成本，保障水平占到总成本的 68%。明年完全成本保险和种植收入保险在全国 13 个粮食主产区的全部产粮大县推开后，农业大灾保险将完成历史使命。

与直接物化成本保险和农业大灾保险相比，完全成本保险和种植收入保险具有保障水平高、面向全体农户的优势，能够让投保农户摆脱“看天吃饭”“看市场吃饭”，稳定投保农户的种粮收益预期，让农民种粮心里有底，敢于种地、愿意种地。从目前试点推广的情况看，亩均赔款高于直接物化成本保险 95.5%，高于大灾保险 22.8%，理赔金额大概是农户自己交的保费的 12.2 倍。这里需要提醒的是，完全成本保险和种植收入保险保的是种粮基本收益，农户要想获得更好的收益，还得把粮种好卖好。

毋庸置疑，农业保险是一项利农惠农的好政策，实行“谁受灾补给谁”的原则，防止惠农资金“吃大锅饭”，让受灾农户真正受益。不过，根据笔者的调研，经过多年发展，虽然农民保险意识普遍提高，但投保农户呈现两极分化趋势。小农户投保意愿相对较低，更愿意参加缴费较低的直接物化成本保险；新型农业经营主体土地经营规模大，面临的生产经营风险大，参加完全成本保险和种植收入保险的需求非常强烈。这是我国从传统农业向现代农业转型过程中必须面对的现实问题。

如今，我国已经成为全球农业保险规模最大的国家，但农业保险发展过程中仍然存在保障水平低、覆盖面小、农民投保意识有待提高等问题。国家必须从制度、政策、资金等方面持续支持农业保险高质量发展，扩大政策实施的范围，提高农业保险保障水平，把好事办好，让更多农户得到实惠。

承保机构要坚持保本微利的原则，严格落实各项保险政策，进一步提高服务基层的能力。做到承保到户、定损到户、理赔到户，提升投保农户的满意度和获得感，提高农民参加农业保险的积极性。

（刊发于 2021 年 7 月 29 日时评版）

守住管好“大国粮仓”

种粮难，管好粮食也不易。近期，中央纪委国家监委曝光了一批粮食系统违法违规案件，引起社会关注。虽然涉案人员已被严肃查处，但这些腐败案件暴露出粮食系统个别工作人员目无法纪、责任缺失，以及粮食流通监管体系存在的某些漏洞。对此，必须提高警惕，依法强化粮食流通监管，织密监管网，严厉查处涉粮违法违规案件，确保储粮安全。

储为国计，备为民生。我国粮食储备充裕，粮库遍及全国各地，是稳定市场的“定海神针”、政府宏观调控的“蓄水池”和保障粮食安全的“压舱石”。守住管好“大国粮仓”，始终是粮食行业工作者的使命，是保障粮食安全的重要举措。经过多年发展，我国已经建立了严密的储备粮管理制度，不断强化政策性粮食流通监管，但粮食收购、储存、销售等环节监管仍然存在薄弱环节，给“粮耗子”提供了可乘之机。

梳理近年来各地发生的涉粮腐败案件，作案手段花样翻新、“各显神通”，令人瞠目。有的粮库工作人员在收购时故意多扣收购粮食的水分、杂质，甚至通过操作磅秤等方式压低账面数字，将变相多收的粮食卖掉捞钱；有的粮库负责人利用职务之便，伙同他人通过虚开结算凭证、虚增粮食重量等手段，骗取国家粮食收购资金；

有的粮库在政策粮收储过程中通过“买陈顶新”“先收后转”“低收高转”等各种“转圈粮”骗取财政补贴等。有效识别“粮耗子”的腐败手段，有针对性地强化监管，对于保障粮食安全意义重大。

值得关注的是，在已经发布的各类涉粮案件中，出现系统性、塌方式腐败，涉案人员除了粮库负责人，还牵涉当地粮食管理部门、银行系统以及粮食企业负责人。粮库负责人监守自盗，负有外部监管职责的银行系统对粮库违纪违法行为视而不见。上级主管部门对储备粮库存、质量和安全负有监督管理的责任，但现实中部分监管检查存在“打招呼”现象，监管人员搞形式、走过场，看不到真问题，监管也就难免流于形式。

粮食流通领域的违纪违法问题，严重侵蚀群众利益，造成国家损失，影响粮食安全。有关部门要严厉处罚涉粮案件相关责任人，但不能一罚了之，要综合运用技防和法防等手段，筑牢“大国粮仓”的防护墙。

确保储粮安全，根本途径在科技。目前，一些地方粮库仍然存在着危仓老库多、安全隐患大、储粮技术落后、监管难度大等突出问题。要持续推动粮食仓储物流设施建设和粮库智能化升级改造，充分运用智能化、信息化技术对粮库实行远程、实时监控，实现“穿透式”管理，无论是粮库保管员、粮食负责人，还是上级部门管理人员，都可以随时随地通过远程监控系统对每一个粮库进行监管，确保储粮安全看得见摸得着，从根本上杜绝“人情粮”“转圈粮”等违纪违法问题。

要强化依法治理和责任落实，用法治手段堵上粮食流通监管漏洞。按照《粮食储备管理问责办法（试行）》，坚持“谁储粮、谁负责，谁坏粮、谁担责”的原则，把安全储粮的责任逐级压实到每一个收储主体、每一个承储企业负责人和每一个仓库保管员。认真贯彻落实《粮食流通管理条例》，持续强化粮食流通事中事后监管。国家粮食和物资储备局今年6月份启动为期半年的全国粮食流通“亮剑2021”专项执法行动，对违反政策纪律、损害国家利益、坑害种粮农民和消费者的行为，发现一起严查一起，绝不姑息、绝不手软，用法治的方式守住管好“大国粮仓”，切实保护种粮农民和消费者合法权益，更好地保障国家粮食安全。

（刊发于2021年8月5日时评版）

守住全年粮食丰收基本盘

眼下正值秋粮生产关键期。离秋粮丰收到手，中间还可能会遇到洪涝、干旱、台风等气象灾害，以及农作物病虫害等考验。日前召开的中共中央政治局会议强调，要“抓好秋粮生产，确保口粮安全”。我们要绷紧粮食安全这根弦，坚决守住全年粮食生产基本盘，赢得全年粮食丰收主动权。

全球气候变暖已对我国农业生产和粮食安全造成影响，导致我国主要粮食作物生产潜力下降，不稳定性增加。今年我国区域性、阶段性洪涝灾害程度重于常年，河南特大暴雨、南方台风“烟花”登陆形成内涝，给秋粮生产造成不同程度损害。有关部门预计，今年玉米水稻病虫害偏重发生，如果田间管理不及时，会一定程度上影响粮食生产。

事实上，今年夏天全球多地发生高温、干旱、强降雨等极端天气，北美地区美国、加拿大等国家遭遇严重干旱，俄罗斯出现罕见高温，欧洲不少地方出现暴雨和洪水，印度因强降雨引发严重洪涝灾害，全球粮食减产风险显著增加。再加上航运价格上涨、全球流动性过剩等因素，全球粮价持续高位运行。这不仅会增加我国粮食进口成本，还会给国内带来输入性通胀压力，增加我国市场保供稳价压力。

当前全球疫情仍在持续演变，外部环境严峻复杂，国内经济恢复向好，但仍存在不稳固、不均衡风险。粮食安全是国家安全的重要基础，是我国经济社会发展的“压舱石”，是应对国内外各种风险挑战的“定海神针”。经过多年发展，我国基本实现了“谷物基本自给、口粮绝对安全”的粮食安全战略目标，粮食生产连年丰收，库存充足，谷物自给率超过95%，口粮自给率超过100%，把饭碗牢牢端在了自己手中，粮食安全形势总体向好。不过，我国粮食紧平衡状态并没有得到根本改变，粮食生产“靠天吃饭”的局面没有完全改观，抵御干旱、洪灾、台风、病虫害等自然灾害的能力仍然不够强，难以真正做到旱涝保收。

近一段时间，国内有些地方相继出现境外新冠病例关联的本地疫情，防汛抗旱工作也进入“七下八上”关键期。在做好疫情防控的基础上，争分夺秒全力以赴抓好防灾减灾，不误农时抓好田间管理。农业农村、应急、水利、气象等相关部门应加强沟通，做好分析研判，及时发布预警，强化应急值守，做到预判在前、防控在前，真正做到防患于未然。

从长期看，国家要持续加大投入，提高粮食综合生产能力，提高抵御极端天气等自然灾害的能力和防治病虫害的能力。加快旱涝保收、高产稳产高标准农田建设，开展土壤培肥改良、病虫害防治等工作，大力推广节水灌溉、旱作农业、抗旱保墒与保护性耕作等适应技术，加强培育高光效、耐高温和抗寒抗旱作物品种，逐渐改变粮食生产“靠天吃饭”的局面。

此外，还应更好发挥农业科技的力量。我国正在建立健全农业灾害预警与防治体系，今后应充分利用云计算、人工智能、5G、大数据等新兴技术，加强极端天气预报预警服务，提升农作物病虫害监测预警与防控能力，用科技力量提升改进传统农业生产方式，为粮食丰收注入更多科技含量。

（刊发于 2021 年 8 月 12 日时评版）

培育具有国际定价权的大粮商

中国大粮商领跑全球大粮商的愿景，已经从梦想照进现实。根据近日发布的2021年《财富》世界500强排行榜榜单，中粮集团不仅排名高居第112位，而且以76855.6百万美元的营收位列国际粮商之首，这是中粮集团连续27年上榜以来的最高排名。世界500强榜单被誉为世界经济的“晴雨表”，中粮集团的崛起，正在打破国际四大粮商长期垄断世界粮食贸易的格局。

截至目前，我国在国际粮食贸易中还没有相应的话语权和定价权，对国际粮食市场和粮食价格的影响力较小。以大豆为例，我国是全球最大的大豆进口国，每年大豆进口量占全球大豆出口的60%，但由于国内粮食产业发展缓慢，尤其是国内大豆产业几乎受控于国际粮商，大豆进口价格不是由“中国需求”决定，而是由跨国大粮商说了算。国际资本紧盯“中国需求”炒作粮价，让我国陷入“买什么涨什么”的经济怪圈。今年全球粮食价格持续大幅上涨，粮食进口成本水涨船高。为了实现保供稳价的目标，我国在进口粮食的同时，不得不承受国际粮价上涨带来的采购成本压力。

在国际粮食贸易中，定价权对于一个国家非常重要，直接决定着其在国际粮食贸易中的地位和利益。国际四大粮商垄断着全球80%的粮食贸易量，在收储、物流、海运、金融、贸易等多领域形成对国际粮食贸易的垄断性控制，牢牢掌握着全球粮食定价权。在全球前 10 大谷物出口国中，国际四大粮商占据主导地位的有 9 个。在本轮全球粮食价格和食品价格飙升之际，国际粮商嘉吉公司迎来了史上最赚钱的一年，创下公司 156 年来最高纪录。

中国在国际粮食贸易中定价权和话语权长期缺失的问题，是新兴贸易大国普遍面临的困境。我国要充分利用国内国际两个市场两种资源，培育具有国际竞争力的大粮商，提升我国粮商在国际粮食市场的话语权和定价权；一方面，要鼓励和支持国内粮食企业“走出去”，开展粮食仓储、物流、加工、贸易等方面的国际合作，建立规模化海外粮食生产加工储运基地，全面参与全球粮食产业链、价值链、供应链重构；另一方面，利用我国超大规模市场优势，培育新的进口渠道，构建粮食进口多元化格局。

中粮集团作为中国粮油企业走出去的“领头羊”，已经由中国第一大粮油食品企业一跃成为全球具有领导地位的国际大粮商，堪称近年来我国粮食企业参与国际粮食贸易的一大亮点。与此同时，北大荒、首农等国内大型粮油企业也在积极“走出去”，向国际大粮商的目标迈进。然而，与其他跨国粮商相比，中国粮商普遍存在投资规模小、缺少高附加值投资、对海外大型龙头企业的并购不足、研发能力低、产业链短等问题，掌握的粮源、种子、加工核心技术等要素有限，在国际化程度和影响力方面还有差距，国际市场话语权仍然偏弱。

一花独放不是春，百花齐放春满园。我国需要培育更多像中粮一样的国际大粮商，这是保障国家粮食安全、参与国家粮食贸易的重要举措。今年以来，我国积极布局培育国际大粮商，把“培育国际大粮商和农业企业集团”写入“十四五”规划。针对中国粮食企业“走出去”面临的融资难、融资贵的问题，人民银行、银保监会等六部门日前联合发布《关于金融支持巩固拓展脱贫攻坚成果 全面推进乡村振兴的意见》，明确提出要支持培育具有国际竞争力和定价权的大粮商。有了金融活水浇灌，中国大粮商将进一步做大做强。

（刊发于 2021 年 8 月 26 日时评版）

构建政企互补的粮食储备格局

近日，河南省粮食和物资储备局等五部门联合印发《关于建立粮食加工企业社会责任储备的指导意见（试行）》，明确市、县（市、区）规模以上粮食加工企业建立社会责任储备，推动形成政府储备与企业储备互为补充的粮食储备格局。这是地方政府丰富粮食调控手段，增强粮食安全保障能力，牢牢把住粮食安全主动权的一个重要举措。

建立企业粮食社会责任储备，是我国粮食储备制度改革的一项重大举措。2019 年 5 月中央深改委第八次会议上审议通过《关于改革完善体制机制加强粮食储备安全管理的若干意见》，对改革完善粮食储备管理体制、健全粮食储备运行机制作出部署。经过多年发展，我国初步建成中央储备与地方储备协同发展的粮食储备体系，已经具备同大国地位相符的国家粮食储备实力和应急能力，在防范化解重大风险，有效应对新冠疫情的过程中发挥了重要作用。

粮食收储市场化改革以来，我国加快消化政策性粮食不合理库存，临储粮去库存任务已经完成，最低收购价粮数量逐步减少，社会库存显著增加，粮价波动比以前频繁，储备粮“压舱石”和“稳压器”作用凸显。不过，我国粮食储备主体单一，以政府储备为主，粮食企业储备规模较小，难以适应粮食流通市场化改革的需要，亟须通过深化改革，创新完善粮食储备管理体制机制。

企业储备是国家粮食储备的重要组成部分。但是，许多企业为了降低储粮成本，不愿意多存粮，主要通过参加政策性粮食竞拍获得粮源，企业社会责任储备很难落实到位。去年新冠疫情暴发以来，一些地方粮食加工企业因为遭遇交通封锁一度面临无粮可用的困境，特别是随着国内外粮价的上涨，企业存粮意愿显著提升。这在某种程度上倒逼着粮食加工企业加快建立社会责任储备。种种迹象显示，各地正明显加快企业社会责任储备建设步伐。比如，湖北武汉市、浙江、云南、河南等地在建立企业社会责任储备方面做出积极探索，政府储备与企业储备互为补充，为应对突发事件、市场保供稳价构筑了安全防线。

需要明确的是，企业社会责任储备不完全是企业储备，也不是企业商业库存。企业储备包括商业库存和企业社会责任储备。企业商业库存是企业保持经营需要的周转库存。企业社会责任储备是规模以上粮食加工企业依据法律法规明确的社会责任所建立的义务库存，当地政府在粮食仓储等流通设施建设、企业融资和担保等方面为企业提供相应的支持，对经过核定的社会责任储备粮给予一定的财政补贴。企业社会责任储备粮权属于加工企业，平时用作企业日常经营周转，由企业自负盈亏，如遇特殊情况，无条件服从政府统一调度，承担调节区域粮食市场供求和应对局部突发事件等任务。

各级粮食物资储备局对企业社会责任储备实行动态监管，但监管难度很大。当地执法部门和行政管理部门必须加快提升依法管理水平，加大监管执法力度，对涉粮违法违规案件敢于动真碰硬；对承担社会责任储备的粮食加工企业实行信用监管，将严重失信的企业列入黑名单；严防粮食行政管理部门和粮食加工企业勾连，不能使企业社会责任储备变成相关利益主体进行利益输送的“温床”。

（刊发于 2021 年 9 月 2 日时评版）

确保粮食供应“不掉链子”

当前粮食安全面临的问题，不仅是够不够吃、质量好不好的问题，还有粮食供应链在关键时刻会不会“掉链子”的问题。

2021年中国国际服务贸易交易会期间，主题为“强化供应链韧性，共筑全球粮食安全”的2021年粮食现代供应链发展及投资国际论坛上，与会专家普遍认为，应建设安全可靠的韧性粮食供应链，增强全球粮食安全治理能力，有效应对新冠疫情、极端天气等不确定性风险的挑战。这个观点备受关注。

众所周知，粮食供应链是由粮食种植、储存、运输、加工和销售等各个环节组成的环环相扣的有机整体，关键时刻任何一个节点出现问题，都会影响粮食的稳定供应。在经济全球化的背景下，粮食供应链正常运转对于保障全球粮食安全意义重大。当前新冠疫情、极端天气等各种因素叠加，给全球粮食供应链带来巨大冲击，粮食供求平衡受到干扰，全球粮食不安全人数显著增加，其影响程度和频率在不断上升。近几年，个别国家单边主义、保护主义抬头，全球经贸摩擦不断。面对各种重大风险挑战，全球粮食供应链依然能够“转得动、产得出、送得到”，帮助企业扛过危机，才有未来。这就是供应链的韧性。

对于一个拥有14亿多人口的大国来说，建设韧性强劲的粮食供应链，对于保障国家粮食安全尤为重要。经过多年坚持不懈的努力，我国粮食综合生产能力不断提升，粮食连年丰收，库存充足，还有多元化的进口渠道、完备的产业体系、强大的动员组织能力，粮食供应链的稳定性、安全性、抗逆性和协同性持续增强，使得我国经受住了新冠疫情的考验和国际粮价持续上涨的冲击，为实现联合国2030年可持续发展议程“零饥饿”目标提供了有益借鉴。

目前来看，我国粮食供应链虽然在应对重大风险方面显示出了较强韧性，但也存在农业基础设施建设滞后、种业不强、产业链条短等问题，进口来源过于集中、缺乏大宗农产品定价权等短板和不足有待解决。对此，必须立足国内，强化“产购储加销”协同保障机制，加快推进现代生产体系、流通体系建设，推进粮食产业高质量发展，提升粮食供应链风险治理能力，积极推动粮食生产、收购、储存、加工、销售等供应链各环节有机融合、有效链接、有效运转，确保粮食稳定供给、市场平稳运行。

粮食进口已成为我国建设粮食供应链的重要环节。随着经济全球化的深入发展，国内外粮食产业链、供应链深度融合，形成了“你中有我、我中有你”的复杂格局。当前全球粮食供应链安全面临诸多挑战，我国持续深化粮食供应链韧性的国际合作，维护全球粮食供应链安全稳定畅通，坚决反对把粮食作为政治博弈的筹码，力争通过国际合作，阻止打击全球产业链、供应链的恶劣行为。

粮食企业是我国参与全球粮食供应链建设的主体。在2021年粮食现代供应链发展及投资国际论坛举办期间，中粮集团联合粮食供应链跨国公司、知名企业和专业组织等机构共同成立国际粮食现代供应链联盟，作为推动全球粮食现代供应链创新发展的交流合作平台。该机构的成立，有助于帮助更多有条件的中国粮食企业“走出去”，深度融入全球粮食产业链、供应链和价值链的建设，扩大粮食“朋友圈”，与世界各国优秀的粮食企业建立起更为紧密的上下游合作关系，从而有助于形成更加安全、稳定、合理的国际粮食安全新局面，为维护全球粮食安全贡献出中国粮食企业的力量。

（刊发于 2021 年 9 月 9 日时评版）

筑牢粮食进口关税配额“防火墙”

在全球粮食供应链遭受严重冲击的情况下，今年我国粮食进口量大幅增加，确保了国内市场供应。据中国海关的最新数据，今年1—8月我国粮食进口量11453.6万吨，同比增长34.8%，超过了2019年全年粮食进口量。然而，粮食进口量大幅增加也引发一些担忧——我国粮食自给率下降了吗？这会不会冲击国内粮食产业安全？今年粮食进口量大幅增加，是国内生猪产能快速恢复发展、饲料需求增加，新冠疫情之下战略储备增加，并叠加国内外粮食价差大造成的。

适度进口粮食是我国保障粮食安全的重要途径。近年来，我国立足国内，持续提高粮食综合生产能力，粮食产量连续多年保持在1.3万亿斤以上，实现了“谷物基本自给、口粮绝对安全”的粮食安全目标。但是，人多地少的现状决定了我国不可能完全实现粮食自给，还要充分利用全球资源满足国内需求，进口小麦和大米，主要用于调剂国内需求结构；进口大豆、玉米、大麦、高粱等，主要是用于食用油、饲料、酿酒等加工业。

近年来，我国每年进口量过亿吨已成常态。从粮食进口结构看，今年1—8月，大豆进口量为6709.9万吨，占粮食进口总量的58.6%，大豆进口比重下降，玉米、小麦和大米三大主粮进口比重上升。为了避免三大主粮进口过量冲击国内产业安全，我国对玉米、小麦和大米实行进口关税配额管理政策，配额内进口征收1%关税，配额外进口征收65%的关税。我国从2001年加入世界贸易组织以来，除了2002年和2003年两年对三大主粮进口关税配额有所调整外，2004年至今三大主粮进口关税配额基本保持稳定。2021年三大主粮进口关税配额分别为小麦963.6万吨、玉米720万吨、大米532万吨。

通过高关税来确保国内粮食产业安全，是世界各国通行的做法。挪威、瑞士、日本等国农产品平均关税水平都非常高，进口价格“天花板效应”并不突出。我国粮食国际竞争力弱，国内外粮价长期倒挂，一旦完全放开，势必会冲击国内粮食产业安全。如大豆进口取消关税后，在国内需求增加、内外价格倒挂背景下，大豆进口节节攀升、屡创新高，国产大豆逐渐被边缘化。对三大主粮实行进口关税配额管理，相当于为国内粮食市场竖起了一道“防火墙”，有效限制了主粮进口规模，保护三大主粮产业免受进口粮食冲击，从而保护了种粮农民积极性。

当前，一些国家希望我国扩大粮食进口关税配额，国内一些人也有这样的想法。对此，一定要保持战略定力，不可轻易调整现有粮食进口配额政策。粮食关税不减让、配额不扩大，对稳定国内粮食生产至关重要。我国三大主粮进口配额是全球配额，不能为了某一个国家而调整。不过，我国按照世贸组织规则和入世承诺，不断完善小麦、玉米和大米关税配额管理办法，在市场化条件下已充分使用配额。

2020年注定成为我国粮食进口的一个关键年份。2020年之前，我国三大主粮进口配额一直都没有用完过，很少有配额外的进口。

2020年三大主粮进口激增，玉米进口创纪录达到1130万吨，首次超过全年关税配额，预计今年玉米进口超过2600万吨。在今年全球玉米价格高涨的情况下，配额外进口玉米关税高达65%，进口玉米价格与国产玉米相比，已经没有了价格优势，这在一定程度上会提振国产玉米价格，保护种粮农民利益。

充分利用国内国际两个市场两种资源满足国内需求，是我国粮食安全战略的必然选择。下一步，要不断拓展多元化进口渠道，增强全球粮食供应链管理能力，确保粮食买得到、运得进。但我们也要善于运用贸易救济措施，维护国内粮食产业安全。在粮食过量进口给国内产业造成损害的情况下，可以通过提高关税等措施确保国内粮食产业具有合理的利润空间。不过，国际贸易救济措施经常被指责为贸易保护主义，采取贸易救济措施一定要慎重。

（刊发于2021年9月16日时评版）

全球粮食体系转型在合作中破题

2030年全球实现“零饥饿”目标，是联合国粮农组织对全世界作出的美好承诺。然而，这一承诺不仅进展缓慢，新冠疫情更使其雪上加霜。

9月23日，联合国粮食系统峰会在纽约联合国大会期间以线上的形式举办。这场峰会旨在通过推进粮食体系转型，实现全球“零饥饿”目标。与此同时，全球粮食安全却正在面临一系列严峻挑战。

当前，新冠疫情肆虐、国际性冲突、极端天气叠加环境恶化，给全球粮食系统各个环节造成冲击，对各国人民的生活、生计和经济产生了连锁反应。虽然联合国粮农组织等国际组织与世界各国积极行动，阻止新冠疫情演变为全球粮食危机，但疫情已经对全球经济造成巨大破坏，引发全球自二战以来最严重的经济衰退，全球粮价创近十年来的新高，失业率上升，薪酬和收入下降，全球粮食安全和营养状况恶化。据联合国粮农组织发布的数据，2020年全世界有7.2亿—8.11亿人口面临饥饿，与2019年相比增加了1.61亿。

面对这场史无前例的严峻考验，现有的全球粮食体系难以合理有效运转，难以满足全球人口以及地球环境的需求。因此，推进粮食体系转型势在必行。从就业、生计和对环境的影响来看，全球农业粮食体系是世界最大的经济体系，其中既包括食物生产、储存、加工、运输、贸易、消费等食物供应链，还包括提供食物和农业产品的所有人员、活动、投资和选择，不仅为全世界 10 亿人直接提供就业机会，还与 35 亿人的生计与粮食体系关联。粮食体系任何一个环节出现问题，都会影响全球粮食稳定供应，从而影响全球粮食安全，甚至影响全球经济社会安全。例如，国际性冲突会严重冲击粮食生产体系中生产、收获、加工、运输、供应、融资、销售和消费等几乎所有环节，导致战乱中的国家陷入全面粮食危机。

通过粮食体系转型带动全球“零饥饿”目标的实现，已成为全球广泛共识。联合国粮农组织、二十国集团等国际组织不遗余力地倡导并支持世界各国推进粮食体系转型，建设更高效、更包容、更有韧性且更可持续的粮食体系，试图让粮食体系重回正确的轨道，能够更好更有针对性地抵御各种风险和挑战，实现更好生产、更好营养、更好环境和更好生活，为所有人提供负担得起的健康膳食，并成为稳步实现 2030 年可持续发展目标的强大推动力量。

关于全球粮食体系怎么转型，各大国际组织支持世界各国寻求创新性的解决方案，为世界粮食安全贡献力量。中国为此做了积极探索。中国实行家庭联产承包责任制以来，持续推进粮食体系转型，不断加大对农业基础设施的投资，增加农业补贴，持续提高粮食综合生产能力，秉持创新、协调、绿色、开放、共享的新发展理念，推动农业生产方式和消费方式的改变，走出了一条中国特色社会主义粮食安全之路，实现了谷物基本自给、口粮绝对安全，把中国人的饭碗牢牢端在自己手中。而且，作为全球最大的发展中国家，中国积极参与全球粮农治理，推动农业国际合作，分享中国农业农村发展的经验和实践，为世界粮食安全作出了贡献。

推动全球粮食体系转型，是一个复杂的系统工程。任何国家或组织都无法单独应对粮食和农业领域的全球性挑战。这需要联合国粮农组织、二十国集团等国际组织与各国携手并进，精诚合作，在合作中破解难题。只有团结起来，通过在经济、环境甚至文化等各领域多管齐下，尽快推动粮食体系转型，才能扭转形势，迎来公平、可持续、没有饥饿的美好未来。

（刊发于 2021 年 9 月 23 日时评版）

莫让种粮成本侵蚀农民收益

金秋时节，广袤的田野上处处洋溢着丰收的喜悦。然而，很多种粮农户反映，今年粮食有望再获丰收，粮食价格也不错，但化肥、农药、人工、土地租金等种植成本明显增加，让种粮收益大打折扣。那么，在当前国家保供稳价政策之下，该如何拓宽农民种粮收益空间？换言之，在提高粮食价格和降低生产成本两个选项中，哪个更有可行性呢？

庄稼一枝花，全靠肥当家。今年年初以来，化肥等农资价格涨势凶猛，成为种粮成本增加的一个重要因素。实际上，我国粮食生产成本一直偏高，粮食生产的“地板效应”不断增强。虽然近年来土地规模化经营加速发展，较之小农户生产成本有所降低，但未能从根本上改变我国粮食生产成本快速上涨的局面。

与之相比，今年国内粮价基本保持高位平稳运行的态势。对于农民来说，粮食价格上涨是好事，有利于增加农民收入，但任由粮食价格上涨，不仅会增加相关企业的生产成本，而且会引起相关产品特别是农资产品价格的“报复性”涨价。因此，粮价大幅上涨不符合国情需要，要兼顾生产者和消费者的利益，让粮价保持在合理区间。

目前来看，国家保供稳价政策的主基调不变，靠粮食涨价提高农民种粮收益的可行性不大。国家相关部门须从调控种植成本入手综合施策，实施化肥保供稳价政策，推进高标准农田建设，加速规模化经营，再辅之以农业补贴政策，多措并举稳定农民种粮成本，增加农民种粮收入，提高农民种粮积极性，从而确保国家粮食安全。

针对化肥等农资价格大幅上涨的突出问题，有关部门已通过投放部分国家化肥商业储备、进出口调节、约谈企业、严厉打击哄抬价格行为等措施，保障化肥有效供应，合理控制化肥价格上涨。下一步，有关举措不能放松。有关部门此前还完善农用化肥铁路优惠运价政策，把主要用于农业大田作物生产的缓释肥料等 8 个新型肥料品种纳入实行铁路优惠运价的农用化肥品种目录，连同此前已纳入铁路优惠运价目录的化肥品种，每年可减免化肥铁路运输费用 25 亿元左右。这一思路值得肯定。

发展适度规模化经营，改变一家一户传统经营模式，是提高农业生产效率、降低生产成本的一剂良药。近年来，我国发展多种形式的适度规模经营，合作社、家庭农场等新型农业经营主体通过提升粮食生产规模化、集约化、机械化水平，在一定程度上达到了降本增效目的。下一步，要持续推进高标准农田建设，打造集中连片、旱涝保收、节水高效、稳产高产、生态友好的农田。

对于广大种粮农户来说，最理想的状态，就是粮价高一点、农资稳一点、补贴多一点。在当前粮食保供稳价、农资价格上涨过快的情况下，国家需加大种粮补贴力度，确保农民种粮有合理收益。除了传统的农业补贴外，今年中央财政对实际种粮农民发放一次性农资补贴 200 亿元，有效化解农资价格上涨对种粮农民收益的影响。同时，为了进一步增强种粮农民抵御生产经营风险的能力，今年国家将粮食作物完全成本保险和种植收入保险实施范围扩大到全国

500个产粮大县，明年将覆盖全国13个粮食主产省的所有产粮大县。这让投保农户真正实现了“旱涝保收”，稳定了投保农户种粮收入预期，解决了农民种粮的后顾之忧。

（刊发于2021年9月30日时评版）

托市收购稳种粮信心

寒露接霜降，秋收秋种忙。寒露前后是冬小麦播种的最佳时期，各地正在克服连绵秋雨造成的不利影响，多措并举推进冬小麦播种。2022 年度小麦最低收购价政策尚未发布。在小麦价格持续高位运行的态势下，小麦最低收购价是否上调受到很多人关注。

最低收购价政策是国家为了预防“谷贱伤农”，保护农民种粮积极性而实行的一项惠农政策，最低收购价水平通常综合考虑粮食生产成本、市场供求、国内外市场价格和产业发展等因素而确定，目的是保障农民种粮不亏本，稳定种粮农民信心。一般情况下，粮食收购价格受市场供求关系影响，当主产区粮食市场价格低于最低收购价水平时，就会启动托市收购，保护种粮农民利益。

今年夏粮收购期间，小麦和早籼稻市场行情好，市场收购价明显高于最低收购价，主产区均未启动托市收购，这在近年来还是首次。国家粮食和物资储备局有关负责人预计，今年秋粮收购期间大部分地区启动中晚稻最低收购价预案的可能性不大。当然，不排除个别主产市县因体量大、运距远等因素影响，有可能小范围启动托市收购。

实践证明，托市收购政策很好地发挥了政策托底作用，稳定了农民种粮预期，托住了农民种粮信心，为确保粮食稳产增产、维护粮食市场稳定、保障国家粮食安全作出了重要贡献。稻谷和小麦是我国两大口粮，确保口粮绝对安全是我国粮食安全战略的重要内容。2004 年我国开始实施稻谷、小麦最低收购价政策以来，小麦、稻谷两大口粮品种产量稳步增加，小麦产需平衡略有结余，稻谷年度结余 300 亿斤左右，小麦、稻谷库存保持较高水平，自给率超过 100%，实现了口粮绝对安全。

然而，由于我国粮价形成机制不健全、不完善，托市政策在执行过程中一度偏离政策设计初衷，最低收购价成为最高价，政策性收购逐渐占据了主导地位，挤压了市场的调节空间。在政策性收购之下，各类市场主体谨慎入市，以中储粮为代表的国有粮食收购主体成为粮食收购的中坚力量，国有粮库库存居高不下，一定程度上造成粮食资源浪费，给国家造成巨大财政压力。而且，托市收购政策重产量不重质量的导向，使得农民的质量意识和市场意识淡薄，热衷于种植高产粮食，市场优质粮源越来越少。

面对托市收购存在的问题，我国不断完善粮食价格形成机制，推进粮食收储市场化改革，取消了大豆、玉米临储政策，完全实行市场化收购，但保持了稻谷、小麦最低收购价政策框架，适当调整稻谷、小麦最低收购价水平，既为市场机制发挥作用留出空间，又能保障种粮农民不亏本。目前，我国粮食收购已经形成了以市场化收购为主导、政策性收购为补充的新格局，粮价形成逐步回归市场化，优质优价的粮食收储机制逐步形成。广大种粮农户逐渐摆脱对托市政策的依赖，市场意识和质量意识普遍增强，种植适销对路的优质粮食品种，追求种粮收益最大化。

关于托市收购政策是否还要继续的问题，一直存在争议。有观点认为，在粮食收储市场化改革的大背景下，托市政策没有存在的必要，废止是迟早的事。也有观点认为，在我国还未建立起农业成本保险和收益保险等有效保护体系前，托市收购很有必要。

从目前来看，托市收购仍然是我国保护农民种粮收益、确保粮食稳产增产的重要制度安排。在当前国内外粮食市场形势错综复杂的情形下，一定要坚持底线思维，坚持市场化改革和保护农民利益并重的原则，坚持并完善稻谷和小麦最低收购价政策，稳定种粮农民信心，牢牢守住农民“种粮卖得出”的底线。

（刊发于 2021 年 10 月 14 日时评版）

粮食增产仍有很大潜力

近日，两则有关袁隆平团队研发的水稻品种在试验田产量创纪录的新闻格外引人关注，粮食增产话题备受热议。

增产是粮食品种培育永恒的主题，全国各地每年都会有试验田水稻、小麦、玉米等粮食品种创高产纪录的消息传出。但种子试验田产量并非大田产量，试验田产量与大田产量差距较大。这是因为，试验田粮食生产从种植到收获每一个环节管理都非常精细，投入成本较高，大田种植管理则较为粗放。而且，种子从试验田走向大田种植，还需要经过长期布点试验，然后从众多的高产品种中选择稳定性、适应性、抗逆性、丰产性高的品种，通过国家品种审定标准后，才能上市推广。

尽管如此，试验田粮食产量不断创新高，说明我国粮食单产的峰值远未到来，粮食产量还没有到达“天花板”，虽然增产难度越来越大，但仍有潜力可挖。我国人多地少，粮食产量的增加应主要靠单产水平的提升，而单产水平是种子研发、土地产能、田间管理、农民积极参与等各种因素综合作用的结果。

俗话说，种地不选种，累死落个空。良种始终是粮食增产的主导因素。截至目前，我国已经建立了超级稻、矮败小麦、杂交玉米等高效育种技术体系，小麦、稻谷、大豆自主品种占 100%，玉米自主品种占 90% 以上，良种对粮食增产贡献率达到 45%。不过，这与发达国家相比还有很大差距。种业振兴行动方案有望近期印发实施，我国将开启全面振兴民族种业的行动，加快构建中国特色现代种业体系，打好种业“翻身仗”，实现品种培育重大突破，牢牢把住粮食安全主动权。

我国耕地资源有限，在坚守耕地红线的前提下，要继续加快高标准农田建设。在2020年已经建成8亿亩高标准农田的基础上，我国计划到2030年累计建成12亿亩并改造提升2.8亿亩高标准农田，全面提升粮食生产规模化、集约化、机械化水平，增强农田防灾抗灾减灾能力，亩均粮食产能提高10%~20%，为粮食连续多年丰收提供重要支撑。

此外，抓好田间管理对实现粮食增产至关重要。据估算，化肥对我国粮食产量的贡献率在50%左右，每年因病、虫、草害造成粮食产量损失1400万吨。近年来，旱涝、极寒极热等极端天气多发频发，直接造成粮食减产。要像绣花一样做好田间精细化管理，加强气象灾害监测预警，适时开展精准化施肥施药，在推进粮食生产绿色发展的同时提高粮食产量，尽可能挽回减少病、虫、草害造成的损失，改变农民“靠天吃饭”的命运。

粮食生产的主体是农民，要确保粮食增产，充分调动农民种粮积极性。最近，从中央到地方出台了一系列强农惠农利农政策，多管齐下扶持粮食生产发展。在冬小麦播种的关键时期，有关部门及时推出2022年小麦最低收购价政策，小麦最低收购价每斤上调0.02元。这有助于调动农民种植小麦的积极性，并为明年稻谷最低收购价调整奠定基础。

（刊发于2021年10月21日时评版）

干燥储存关乎粮食安全

今年秋粮增产已成定局，但受持续阴雨天气影响，粮食水分偏高，如果不能及时烘干储存，大量堆放容易发生霉变腐烂，既影响农民增收，也影响粮食安全。日前召开的国务院常务会议要求做好粮食烘干收储，加大政策支持，保障粮食烘干的电力、柴油供应，提前下达明年农机购置补贴，支持购置烘干机，对烘干作业给予适当补助。这套政策“组合拳”势必将推动粮食烘干工作快速落实，有力保障秋粮颗粒归仓。

干燥储存是粮食收获后的关键环节，与粮食增产同等重要。粮食干燥一般分为自然晾晒和粮食烘干两种方式。几千年来，我国农户一直采取自然晾晒的方式把粮食晒干。近年来，随着工业化、城镇化的快速发展，农村劳动力外流，部分地方晾晒场短缺，街道不让晒，村里晒不开，农户不得不选择在院子里、屋顶上甚至公路上晒粮，粮食遭受鸟啄、虫咬、鼠食、车辆碾轧，甚至可能造成粮食霉变、发芽等损失。而粮食烘干能精准控制水分，粮食品质好，不仅能最大限度减少农户损失，还能有效解决农村晾晒场地不足和人工成本过高的问题。从长远看，烘干机逐步替代自然晾晒是大势所趋。

近年来，国家大力推进粮食烘干机械化，充分发挥农机购置补贴的引导作用，把粮食烘干机纳入农机购置补贴目录，粮食烘干机械化水平快速提升。尽管如此，我国粮食烘干机械化水平仍有较大提升空间。我国粮食烘干呈现南方多、北方少的现象，主要以稻谷烘干为主，小麦烘干较少，玉米“穗收靠风干、粒收要烘干”，玉米收割以穗收为主，籽粒收割占比很小。

粮食烘干是关系农民种粮能否增收的关键环节。目前，我国粮食收储全面走向市场化，优粮优价的收储机制已经形成，农民根据市场行情择机售粮成为常态，粮食烘干储存时间长，品质有保障，好粮卖好价。种粮大户、家庭农场、农民合作社和农业产业化龙头企业等新型农业经营主体，是建设粮食烘干设施的主力军。烘干设备在自己使用的同时，还可以为周边农户提供有偿服务。然而，用地审批难、环保要求高、一次性投入大等问题制约着粮食烘干机械化的发展，各地应从减少粮食产后损失、提高农民种粮收益、保障粮食安全的角度出发，除了提供农机购置补贴、给予适当烘干补贴外，还应该提供用地、资金等方面的支持，调动农民投资建设烘干设施的积极性。

此外，各级相关部门还应强化粮食产后服务。国家粮食和物资储备局充分发挥粮食收储企业和各类社会资源作用，目前已在全国建成 5300 多个粮食产后服务中心，实现了产粮大县全覆盖，为农户提供清理、干燥、储存、加工、销售等服务，可使覆盖区域内粮食损耗浪费和霉变损失平均降低 4 个百分点，推动农户储粮从“路边晾晒、自然风干”逐步向专业化、科学化、社会化服务转变。

粮食烘干机的热源主要以电力、柴油、木材、煤炭、天然气、生物质能源等为主。今年煤炭、柴油等能源价格持续上涨，电力供应紧张，不少省份出现拉闸限电，在一定程度上增加了粮食烘干成本，影响粮食烘干作业正常运行，延缓了新粮上市的进度。各地须积极落实国家政策，保障粮食烘干的电力、柴油供应，有条件的地区应因地制宜使用秸秆、木屑、锯末、玉米芯、树枝叶等作物燃料，既环保又能降低热源成本。同时，还应通过技术改造，降低粮食烘干能耗，实现节本增效。

（刊发于 2021 年 10 月 28 日时评版）

增产莫忘节粮减损

节约粮食，“取之有度，用之有节，则常足”。今年粮食增产已成定局，但增产不能忘节约，要像抓粮食增产一样抓好粮食节约。中办、国办日前联合印发《粮食节约行动方案》，要求从田间地头到餐桌全链条各个环节共同发力推进节粮减损。这将有助于推动粮食生产方式和消费方式变革，形成节粮减损的社会风尚。

在人多地少的基本国情粮情下，节约粮食是保障14亿人粮食安全的战略选择。我国粮食损失浪费惊人，供给端存在粮食资源配置效率偏低问题，消费端存在请客吃饭讲排场、比阔气等不良消费方式，“舌尖上的浪费”令人触目惊心。据联合国粮农组织估计，我国每年仅在收获、运输、储存、加工过程中损失浪费的粮食超过6%。节约粮食有助于缓解粮食供给压力，节约水土资源，保护生态环境，促进农业可持续发展。

从供给端看，粮食生产资源配置效率偏低，会造成大量损失浪费。要充分运用物联网、5G、大数据、人工智能等新技术、新装备，为粮食节约提供“硬支撑”。进一步推动粮食生产、储存、运输、加工从粗放式生产方式向精细化管理转型，促进各个环节顺畅对接，提高粮食资源配置效率，减少粮食损失浪费。例如，在生产环节，采用机收减损。今年“三夏”期间小麦机收减损约25亿斤，平均损失率控制在2%以内；在储存环节，广泛应用绿色储粮新技术和智能化技术，中央储备粮科技储粮覆盖率超98%，损耗率低于1%；在运输环节，推动粮食由包粮运输向散储、散运、散装、散卸“四散化”运输转型，实现粮食运输现代化，减少运输途中损失；在加工环节，从过度加工向适度加工转化，不再过分追求“精细白”，提高粮油加工转化率，强化饲料粮减量替代，提高粮食资源综合利用效率。

从消费端看，消费是粮食全产业链的终端环节，消费者的消费方式、膳食结构、食物包装的选择，都可能会影响粮食生产方式变革，推动粮食体系的转型。比如，随着消费需求从“吃得饱”向“吃得好”“吃得营养健康”转变，粮食品质消费、绿色消费成为热点，消费环境变化倒逼粮食生产绿色发展，重构产业链、供应链、价值链，增加优质粮食供给。因此，减少粮食损失浪费，要从娃娃抓起，从每一个消费者做起。消费不能浪费，有效增强14亿消费者节约粮食的意识，能汇聚成粮食节约的磅礴力量。

节约粮食，重在行动。减少粮食损失浪费是一个系统工程，要坚持系统治理、长效治理，政府主导、行业引导、公众参与，突出重点领域和关键环节，强化刚性制度约束，推动粮食节约取得实效。要将节粮减损工作纳入粮食安全责任制考核，坚持党政同责，各牵头部门要结合自身职责，提出年度节粮减损目标任务和落实措施，尽可能准确掌握粮食全产业链各环节损失浪费的规模、原因，建立节粮减损制度体系、标准体系、评估机制和监测体系，健全常态长效治理机制。

“夫君子之行，静以修身，俭以养德。”勤俭节约是中华民族的传统美德。几千年来，我们总是习惯从道德层面呼唤节约粮食，这很重要，但仍需要加强规则制约。推动粮食节约，既要弘扬俭以养德，又要依法管粮节粮，围绕全链条减损强化立法修规，全方位构建粮食节约的法律基础，有效遏制食品浪费问题，让节约粮食、反对浪费在全社会蔚然成风。

（刊发于 2021 年 11 月 4 日时评版）

以更开放姿态促进全球粮食贸易

在国际贸易保护主义盛行、新冠疫情肆虐的大环境下，我国始终坚持全方位开放政策，以更加开放的姿态促进全球粮食贸易。在近日结束的第四届中国国际进口博览会上，国内粮食企业与ADM公司、邦吉公司、嘉吉公司、路易达孚集团等国际大粮商签订粮食进口大单，与国际大粮商建立了更加密切的交流合作关系，维护了全球粮食供应链和产业链的稳定，为保障世界粮食安全做出重要贡献。

今年是我国加入世界贸易组织20周年。20年来，我国全面履行入世承诺，不断扩大粮食市场开放，粮食进口量从占全球份额5%提高至22%，去年粮食进口总量突破1.4亿吨。从今年粮食进口的趋势看，粮食进口总量有望超过去年。粮食进口量的稳定增长，不仅有助于解决我国粮食结构性短缺问题，还能补充库存、优化供给结构，满足消费者吃得好、吃得营养、吃得健康的消费需求。

从国际市场看，今年全球粮食生产虽然受到疫情、极端天气影响，一些国家粮食生产受到干扰，但全球粮食市场供求宽松。据国际有关机构预测，今年全球粮食产量保持高位，小麦、玉米、大米、大豆等粮食品种产量均较上年有所增加，供需将延续宽松格局，这为我国粮食进口创造了比较好的条件。然而，不得不承认的是，全球粮食供应链不稳定性、不确定性明显增加，船舶周转率下降，全球运输价格不断创新高，全球粮价涨至2011年7月以来最高水平，我国粮食进口面临较大风险挑战。

不仅如此，还要看到，作为全球粮食进口大国，我国在国际粮食贸易中缺少话语权和定价权。从第四届进博会上的采购情况看，我国粮食企业在粮食贸易中还停留在采购阶段，在进口来源地还没有形成种植、加工、储备、配送为一体的全产业链发展模式，没有真正掌握第一手粮源。与那些在国际市场掌握绝对定价权的跨国大粮商相比，我国粮食企业无论是在全产业链发展方面，还是在产业竞争力方面，仍存在很大差距，获利能力普遍较弱。如何提高在国际粮食市场的话语权和定价权，更好地参与国际粮食贸易，依然是国内粮食企业面临的重要课题。

确保粮食稳定进口，是保障国家粮食安全的重要途径。从国家层面来看，我国坚定不移推动粮食市场高水平开放。一方面，我国应该充分发挥超大规模市场优势，培育多元化市场，逐渐摆脱对某一市场的过度依赖，降低进口风险。目前我国粮食进口来源地有140多个国家和地区，遍布亚洲、美洲、欧洲、非洲、大洋洲，促进了全球粮食资源合理流动，不断提升着国家粮食安全保障水平；另一方面，我国将积极维护全球粮食安全，在南南合作框架内继续向其他发展中国家提供援助，让有关国家和地区搭上中国经济高质量发展的快车。

从企业层面来看，要进一步增强全球粮食供应链管理能力，加强与国内外粮食企业、货运企业、运营企业的合作，不断扩大“朋友圈”。企业之间粮食、航运、物流等方面要进一步开展深度合作，实现优势互补，增强协同效应，提高企业规避市场风险的能力。同时，要积极参与“一带一路”相关国家和地区农粮产业深度合作，在当地构建仓储、加工、码头，为当地农业经营者提供技术服务，维护全球农粮产业链和供应链的稳定、高效、畅通。

孤举者难起，众行者易趋。中国的粮食安全离不开世界，世界的粮食安全也需要中国。各国应该持续深化国际合作，携手维护世界粮食安全，让开放的春风温暖世界，让世界远离饥饿。

（刊发于2021年11月11日时评版）

多措并举增加种粮农民收入

农民是粮食生产的主力军，种粮收入高不高，直接影响农民种粮信心，甚至影响国家粮食安全。近日召开的国务院常务会议审议通过“十四五”推进农业农村现代化规划，促进乡村振兴和农民收入较快增长。

对于种粮农民来说，增加收入主要有经营性收入、转移性收入、工资性收入、资产性收入和保障性收入等途径。种粮收入是广大农民增加经营性收入的重要一项。对于种粮农民来说，要持续提高生活水平，首先要稳定粮食生产。然而，一个不得不面对的现实问题是，当前种粮比较效益偏低，为了过上更加宽裕的生活，很多农民会选择到城市务工增收。这也是农村地区出现粮食生产副业化、兼业化倾向的重要原因。

粮食价格上涨可增加种粮农民的经营性收入。今年国内粮价基本上处于高位运行态势，在夏粮收购期间，小麦和早籼稻价格持续维持高位，主产区没有启动小麦和早籼稻托市收购。然而，进入秋粮收购旺季后，小麦、稻谷和玉米三大主粮价格走势出现分化，小麦、玉米价格在高位震荡，中晚稻由于大量集中上市，价格有所下降。为了切实保护种粮农民收益，江西、湖南、湖北、黑龙江等水稻主产区陆续启动水稻最低收购价收购，充分发挥政策性收购托底作用，确保农民种粮不亏钱。

今年以来，种粮成本急剧攀升，挤压了种粮收益，对农民增收造成一定影响。为了提振农民种粮信心，国家采取了一系列举措，健全粮食支持保护政策，完善补偿机制，加大对粮食生产补贴力度，扩大粮食作物完全成本保险和收入保险试点范围，增加农民转移性收入，让农民种粮有钱挣。特别是中央财政在向实际种粮农民发放200亿元一次性农资补贴后，最近又一次性新增安排14亿元资金，对晋冀鲁豫陕5省开展农田排涝、粮食烘干收储，购置燃油、肥料、种子（苗）等农业生产恢复所需物资材料及服务给予补助，保障秋收和秋冬种各项生产举措落实落地。

对于种粮农户来说，持续提升收入和生活水平，仅仅依靠粮价上涨和农业补贴是难以实现的。各地实践证明，要在更高水平上保障粮食安全，持续增加种粮农民收入，需要加快推进农业现代化，构建现代化粮食产业体系，加快培育农业产业化龙头企业，打造从田间地头到餐桌的粮食全产业链，建立“龙头企业＋合作社＋农户”的联农带农利益联结机制，培育壮大新型农业经营主体，健全农业社会化服务体系，让小农户搭上现代农业的快车。加快推进一二三产业融合发展，拓宽农民增收渠道，让农民更好地实现家门口就业创业，分享粮食产业增值收入，增加工资性收入和经营性收入。

持续提高种粮农民收入和生活水平，还要不断缩小城乡差距，加强农村基础设施建设，提高农村教育、医疗、养老等基本公共服务质量。当下，农村还有大量的“沉睡”资源，是农民增加财产性收入的潜力所在，需要靠加快农村重点领域和关键环节改革来激活。很多产粮大县曾经是国家级贫困县，在脱贫攻坚取得决定性胜利之后，还需要做好巩固拓展脱贫攻坚成果同乡村振兴有效衔接工作，改善脱贫地区发展条件，最终实现粮食产业高质高效发展、乡村宜居宜业、农民富裕富足的目标。

（刊发于 2021 年 11 月 18 日时评版）

粮价稳有助物价稳

粮价是影响居民消费价格指数 (CPI) 的重要因素。10 月份我国 CPI 同比上涨 1.5%，整体涨幅比较温和，而食品价格下降 2.4%。这说明我国粮价稳定对于稳物价、抑通胀起到了重要作用。

当下，国内粮食价格走势出现分化，玉米、小麦市场价格高位运行，稻谷价格持续低迷，跌破最低收购价水平。玉米、小麦价格上涨，是因为饲料供需关系偏紧、国际粮价大幅上涨以及国内种粮成本持续走高等多种因素叠加导致承压上涨。而中晚稻价格弱势运行，是因为水稻连续多年产大于需，稻谷库存较高，在中晚稻收购高峰期，新稻谷集中大量上市导致价格有所降低。

粮价过高或过低都不利于粮食安全，过高会“米贵伤民”，过低会“谷贱伤农”。为了保障粮价的稳定性，今年有关部门采取措施引导粮价在合理区间运行。一方面，综合采用支持粮食生产、储备投放、扩大进口等一揽子政策，遏制粮价不合理上涨，防止“米贵伤民”；另一方面，针对秋粮收购高峰期中晚稻价格过低的问题，江西、湖南、湖北、黑龙江等水稻主产区及时启动水稻最低收购价收购，防止“谷贱伤农”。

目前来看，今年粮食产量有望高位增产、粮食库存充足，粮食进口规模不断扩大，国内粮食供应充足，粮价保持稳定有着扎实的基础。但也需要清醒认识到，当前我国粮食结构性短缺矛盾依然存在，玉米产不足需、供需偏紧的格局尚未得到根本扭转。玉米和小麦、稻谷的替代性较强，去年以来，小麦大量替代玉米作饲料，导致小麦需求上升。当前，稻谷与小麦、玉米比价下降，稻谷库存高，有可能刺激稻谷在饲料用粮方面的需求，减轻玉米和小麦的供给压力。

但小麦、稻谷替代玉米作饲料并非长久之策，稳定粮价仍面临较大压力。

从国内市场看，受极端天气影响，今年秋季我国北方遭遇持续阴雨天气，冬季有可能出现“拉尼娜”现象，给小麦正常播种和安全越冬带来不利影响，稳定小麦生产的难度加大。需要从经济社会发展大局出发，保持粮食丰收的好形势，保障粮食稳定供应。要树立“防灾就是增产、减损就是增粮”的理念，尽最大可能减少农业自然灾害损失。与此同时，还要持续加大政策支持力度，完善主产区利益机制，加大对产粮大县奖励资金投入，强化农业补贴，充分调动地方抓粮和农民种粮积极性。地方要落实粮食安全党政同责，共同扛起粮食安全重任，在确保粮食种植面积和粮食安全的前提下调整种植结构，稳定小麦种植面积。

从国际市场看，当前国内外粮食市场深度融合，对国际粮价大幅上涨给国内市场带来的潜在风险要保持高度警惕。我国不同粮食品种对外依赖程度不同，受国际粮价影响的程度也有所不同。稻谷和小麦两大口粮完全实现自给自足，少量进口用来调剂余缺，受国际粮价影响较小。今年玉米及其替代品高粱、大麦进口量增加，受国际市场影响相对较大。大豆市场对外依赖程度高，国际大豆价格上涨很容易传导至国内。要努力推动进口来源地和进口品种多元化，增强全球粮食供应链管理能力。

手中有粮，心中不慌。应综合运用多种调控手段，维护国内粮食市场稳定，抵御国际粮价上涨冲击国内市场。

（刊发于 2021 年 11 月 25 日时评版）

千方百计降成本稳粮价保收益

生产成本高低直接影响粮价，关乎农民种粮收益。今年以来，全球粮价上涨，我国综合施策成功阻断国际粮价向国内传导，保持国内粮价总体平稳运行。但不可忽视的是，居高不下的粮食生产成本，对农民种粮积极性仍有影响。如何对症下药降低种粮成本，已成为我国稳定粮食播种面积、保障粮食稳定供给必须重视的一个问题。

在我国，粮食生产成本大体包括土地租金、人工成本，化肥、农药、种子等生产资料投入，农机作业费等。粮价上涨对种粮成本产生一系列互动影响，比如，农民种粮积极性上涨，土地租金水涨船高；粮食耕种收综合机械化水平大幅提高，人工成本随之有所下降；油价持续上涨导致农机作业费用增加。除此之外，还有两个因素也颇为引人关注：其一，受秋季持续阴雨天气影响，秋收秋播作业成本以及粮食烘干成本也在上升；其二，在各项粮食生产成本中，今年化肥价格涨势明显。受生产成本推动、国际市场传导、社会库存降低等因素综合影响，今年国内氮肥、磷肥、钾肥轮番涨价，涨幅出乎一些业内人士预料。

粮食生产效益偏低，影响农民投资粮食生产的积极性。千方百计帮助农民降低种粮成本，采取切实有效措施保护农民种粮收益，调动和激励农民种粮热情，迫切且亟须。

当前，农民最为关心的是化肥价格上涨问题。有关部门多措并举对石油、天然气、煤炭等大宗商品保供稳价，精准投放国家储备钾肥，降低化肥企业税率，帮助化肥企业降低生产成本；通过降低化肥运费价格，发放农资补贴、农机作业补贴等措施，帮助农民降低粮食生产成本；坚持对外开放，加强大宗商品进出口调节，增强保供稳价能力，缓解国内化肥生产成本上涨以及化肥供需紧平衡问题。

规模化经营，包括土地规模经营和服务规模化经营，是实现粮食生产降本增效的重要途径。近年来，随着家庭农场、合作社、龙头企业等新型农业经营主体的发展壮大，粮食生产规模化经营发展很快，经营规模从几百亩到几千亩甚至几万亩不等。土地规模经营面临的一大问题是土地流转租金过高，很容易滋生耕地“非粮化”现象。如何在不干预土地流转租金的前提下保护土地承租方的利益，推进耕地规模化经营，是当前面临的一个重要课题。服务规模化是新型农业经营主体通过为小农户提供土地托管、代耕代种等服务实现规模化经营的重要选择。

与一家一户小农生产相比，规模经营具有无可比拟的议价优势，可以通过集中采购化肥、农药、种子等农资降低粮食生产成本。但也应该看到，当前规模经营面临着土地细碎化、新型农业经营主体素质仍待进一步提高、生产经营风险大等问题，需要继续深化土地制度改革，加快高标准农田建设等；加快新型农业经营主体培育，提高新型农业经营主体经营能力和抗风险能力；在 13 个主产区的产粮大县全面推广玉米、水稻、小麦三大粮食作物完全成本保险和种植收入保险，让农民种粮进一步减少后顾之忧。

丰年人乐业，陇上踏歌行。想方设法帮助农民降低生产成本，让亿万农民种粮更有钱赚，才能更好地保障国家粮食安全。

（刊发于 2021 年 12 月 2 日时评版）

粮食“十八连丰”仍有潜力可挖

国家统计局近日公布数据显示，今年全国粮食总产量13657亿斤，比上年增加267亿斤，增长2.0%，全年粮食产量再创新高，产量连续7年保持在1.3万亿斤以上。我国粮食生产克服了洪涝灾害、持续阴雨天气等不利影响，创造了“十八连丰”的奇迹，在高起点高基数的基础上实现了年初确定的粮食增产目标，下一步需总结经验、再接再厉，把饭碗牢牢端在自己手上。

在今年国际粮价持续高位运行的情况下，国内粮价能够始终保持平稳运行，是因为粮食增产为粮食安全夯实了底气，为稳定物价奠定了基础，为保障经济社会稳定发展提供了重要支撑。近年来，我国小麦、稻谷两大口粮产量稳步增加，小麦产需平衡略有结余，稻谷连续多年产大于需，但玉米从阶段性过剩变为产不足需，供需关系较为紧张，成为去年以来粮价上涨的主要原因。今年我国稻谷、小麦、玉米三大主粮均实现增产，其中玉米产量增加较多，比上年增加238亿斤，使得玉米供需形势持续好转，确保了谷物基本自给、口粮绝对安全。

值得注意的是，今年玉米产量大幅增加，而大豆产量比上年减少64亿斤，下降幅度达16.4%。这在一定程度上是玉米与大豆争地的必然结果。去年以来，在玉米价格大幅上涨的刺激下，农民种植玉米的积极性明显提高，今年玉米比上年增加 3090 万亩，而大豆种植面积减少 2200 万亩。在人多地少的国情粮情下，增加玉米种植面积，难免会挤占大豆种植面积，这也是在新的粮食安全形势下不得不作出的一种取舍。

今年粮食增产主要是播种面积增加和单产提高的结果。耕地是粮食生产的命根子，种子是农业的“芯片”，今年各地抓住耕地和种子两个要害，持续提升粮食综合生产能力。在耕地方面，各地层层压实粮食生产责任，落实最严格的耕地保护制度，坚决遏制耕地“非农化”、防止“非粮化”，进一步加大粮食生产扶持力度，鼓励和支持农民复垦撂荒地，开发冬闲田，全国粮食播种面积比上年增加 1295 万亩；在种子方面，不断提高育种水平，扩大高产作物玉米播种面积，促进粮食单产增加。

然而，受到资源、环境以及育种技术研发水平等多重因素制约，我国粮食持续增产的难度越来越大，2015 年粮食产量首次突破 1.3 万亿斤后，粮食增产趋势明显放缓，连续 7 年保持在 1.3 万亿斤以上。值得高兴的是，今年我国水稻、小麦和玉米试验田产量不断创新高，说明我国粮食单产的峰值尚未到来，粮食产量还没有到达“天花板”。有关方面需要加大粮食科技研发力度，全面推广精耕细作技术，不断挖掘粮食增产潜力。

当前种粮效益较低，是我国粮食持续增产面临的一大挑战。农民种粮是否有积极性，关键还是要看种粮赚不赚钱。今年在我国粮食保供稳价政策之下，粮食价格总体保持平稳，但化肥、农药价格大幅上涨，粮食生产成本不断上升，农民种粮收益相应减少。在粮食增产的高起点上实现粮食持续增产，还需千方百计提高农民种粮收益。一方面，要加大粮食生产扶持力度，通过政策杠杆调动农民种粮积极性，并且要推动现代农业发展，全面提升粮食生产规模化、标准化、机械化水平，实现降本增效；另一方面，要培育壮大农业产业化龙头企业，构建“产购储加销”一体化的全产业链发展模式，建立“龙头企业＋合作社＋农户”的利益联结机制，让种粮农民分享粮食全产业链发展的增值收益。

播种是基础，管理是关键。受秋季持续阴雨天气和冷冬天气影响，今年秋播冬种延迟，明年粮食稳产增产的难度增大。这需要做好麦田冬季管理，确保小麦安全过冬，为明年夏粮丰收奠定好基础。

（刊发于 2021 年 12 月 9 日时评版）

保障粮食安全不能只盯着主产区

一粥一饭，来之不易。今年我国粮食高位增产，粮食产量连续7年稳定在1.3万亿斤以上。我们在牢牢端稳“中国粮食、中国饭碗”的同时，还要看到，粮食供给客观存在区域性不平衡现象。因此，保障粮食供给安全，不能只盯着主产区，主销区和产销平衡区也要扛起粮食安全重任，做到饭碗一起端、责任一起扛。

当前，我国粮食产销仍然呈现“北粮南运”的基本格局。国家统计局数据显示，2021年13个粮食主产区生产了全国70%以上的粮食，其中，黑龙江、河南、山东、吉林、内蒙古、河北、辽宁等北方7个主产区生产了全国50%以上的粮食，东北三省及内蒙古生产了全国1/4以上的粮食。31个省（区、市）中，有27个粮食增产，其中东北三省及内蒙古对全国粮食增产的贡献率为70.3%，发挥了保障国家粮食安全“压舱石”的作用。

历史上曾有“苏湖熟，天下足”“湖广熟，天下足”的说法，南方曾是我国粮食供应的重要基地。改革开放以来，南方工业化、城镇化快速推进，全国粮食产销实现了从“南粮北运”到“北粮南运”的转变，东北地区成为粳稻、玉米和大豆主产区，黄淮海地区成为小麦主要供应基地，而广东、浙江、福建等主销区粮食自给率普遍偏低，粮食区域供应不平衡现象凸显。

黑龙江、吉林、辽宁和内蒙古三省一区是名副其实的“中华大粮仓”，肩负着保障国家粮食安全和发展区域经济的双重重任。一方面，每年有大量粮食从东北主产区源源不断运往南方主销区。今年入冬以来，受新冠疫情和寒潮天气影响，南方主销区粮食需求增大，交通运输部门多措并举组织“北粮南运”，满足销区用粮需求；另一方面，东北主产区依托粮食资源优势高质量发展粮食产业经济，玉米深加工、饲料养殖和食品加工业快速崛起，粮食就地加工转化能力明显增强。不过，“北粮南运”产销格局并未改变，黑龙江粮食商品量、调出量仍然位居全国第一，吉林人均粮食调出量居全国第一位。

保障粮食安全，既要算经济账，更要算政治账。主产区要一如既往扛起粮食安全重任，主销区和产销平衡区也要行动起来，各地要稳字当头、稳中求进，共同担负起保障粮食安全的重任，着力稳政策、稳面积、稳产量，全面增强粮食供给保障能力。要实施严格的耕地保护制度，严防耕地“非农化”“非粮化”，继续保持粮食播种面积稳中有增的态势。要持续推进高标准农田建设，提升粮食生产规模化、集约化、机械化水平，促进农业增效和农民增收。要深入实施种业振兴行动，加大粮食品种研发力度，不断挖掘粮食增产潜力。要提高农业装备水平，大力推进农业机械化、智能化，给农业现代化插上科技的翅膀。

稳定发展粮食生产，一定要让农民种粮有钱赚、让主产区抓粮有积极性。在这方面，既要充分发挥市场机制作用，又要更好发挥政府作用。要加大对粮食生产的支持力度，逐步建立健全对主产区的利益补偿机制，强化对产粮大县的财政奖补力度，提高主产区重农抓粮的积极性。要多措并举保障农民种粮合理收益，坚持完善最低收购价政策，加强对种粮农民的补贴力度并要强化种粮补贴资金监管，全面推行粮食完全成本和收入保险，让农民种粮有奔头，更好地调动种粮积极性。

农稳社稷，粮安天下。在当前国际粮食安全形势复杂的情况下，只有全力以赴抓好粮食生产，稳住粮食安全这块“压舱石”，把饭碗牢牢端在自己手中，我们才能更有信心和底气应对各种风险挑战。

（刊发于 2021 年 12 月 16 日时评版）

农机购置补贴不是“唐僧肉”

最近，黑龙江省有关负责人在全省农机购置补贴专项整治工作推进会上介绍，2019 年、2020 年，该省销售的部分农机具在申请农机购置补贴时，存在虚开发票骗取中央补贴的违法违规行为，为此他们调整了 2019 年、2020 年享受补贴标准，被收缴部分补贴资金由农机产销企业承担。此举对净化黑龙江农机市场、保障国家农机补贴资金安全具有积极作用，也给有关企业和购机户以深刻教训。

黑龙江是名副其实的“中华大粮仓”，2021 年粮食产量占全国总产量的 11.5%。同时，黑龙江也是全国农机销售的重要市场，2020 年中央财政划拨黑龙江省农机购置补贴资金 18.95 亿元，但实施资金高达 42 亿元，严重超支。据悉，此次黑龙江农机购置骗补违法违规行为涉及违规产品达 675 种，波及 280 多个生产厂家和 2000 多家农机经销商。按照规定，这次虚开发票违规行为的主体是农机产销企业，因此产销企业要共同承担责任，但由于没有明确划分产销企业各自应该承担的责任，导致追缴补贴差额存在一定困难。

农机购置补贴政策是国家的一项重要强农惠农富农政策。为了调动和保护农民种粮积极性，2004 年起我国开始实行粮食直补、农资综合直补、良种补贴和农机购置补贴等农业“四项补贴”政策，对我国粮食生产“十八连丰”并高位增产发挥了重要作用。2016

年，我国将良种补贴、种粮农民直接补贴和农资综合补贴“三项补贴”合并为“农业支持保护补贴”，实行“谁多种粮食，就优先支持谁”的补贴原则，补贴政策向种粮大户、家庭农场、农民合作社、农业社会化服务组织等新型经营主体倾斜。农机购置补贴政策延续至今，有力提升了我国粮食生产机械化水平。2020 年，我国小麦、水稻和玉米三大粮食作物耕种收综合机械率分别超过 95%、85% 和 90%，有效缓解了农村劳动力短缺压力，促进了粮食增产增收，推进了农业现代化进程。

遗憾的是，农机购置补贴却成为一些人眼中的“唐僧肉”，农机购置骗补违法违规行为不时发生。对此，有关部门不断完善农机购置补贴政策，推动“差额购机”向“全价购机”转型，切断了农机产销企业与农机管理部门勾结骗补的链条，却又出现了产销企业与购机户勾连虚开发票骗补的问题。从已曝光的骗补案件看，有的农机产销企业为了“赢得市场”，千方百计钻国家政策的空子，或者与农机管理部门工作人员勾连，或者与购机户勾连，在农机购置骗补行为中扮演了重要角色。

杜绝农机购置骗补行为，确保国家资金安全和农民利益不受损失，必须加强监管工作力度。要逐级落实补贴政策实施风险防控责任，严禁有关部门有关人员以各种形式直接或间接进行补贴机具经营活动。要进一步强化农机产销企业规范参与补贴政策承诺制，切断其与农机管理部门、购机户的利益链条，不给不法分子蚕食惠农资金的机会。要开放农机购置补贴辅助管理系统，全面推动补贴资金使用情况的实时公开，全面接受社会监督，切实保障农民群众的知情权、监督权。要严厉打击各种骗补、套补行为。要提升农机补贴管理信息化水平，提升违规行为排查和监控能力。

需要指出的是，一些地方农机购置补贴资金到位速度慢，导致部分提前垫付资金的农机产销企业回笼资金迟缓，不仅严重影响农机行业的发展，也影响农民购机积极性。各地要加快农机购置补贴资金兑付，充分保障农民和企业合法权益，促进行业持续健康发展，为增强粮食和各类农产品供给保障能力提供重要支撑。

（刊发于 2021 年 12 月 23 日时评版）

保障粮油安全须补强“软肋”

农为邦本，本固邦宁。一个国家只有立足粮食自给，才能牢牢把住粮食安全主动权，有能力、有信心、有底气应对国内外各种风险挑战。中央农村工作会议提出，保障好初级产品供给是一个重大战略性问题，中国人的饭碗任何时候都要牢牢端在自己手中，饭碗主要装中国粮。这为2022年我国抓好粮食生产提供了根本遵循。

2021年，我国粮食产量获得“十八连丰”，粮食总产量连续7年稳定在1.3万亿斤以上，实现了谷物基本自给、口粮绝对安全。尽管如此，我国人多地少的基本国情没有改变，粮食供求紧平衡的格局没有改变，粮食结构性短缺问题凸显，具有饲料和油料双重用途的大豆长期产不足需，成为我国保障粮油安全的一大软肋。

进口是解决粮食结构性短缺问题的有效手段之一。从我国粮食进口结构看，2021年大豆进口量虽然较往年有所下降，但仍然占据绝对主导地位，玉米及其替代品进口比重大幅增加，为保障国内粮食稳定供应起到重要作用。然而，受新冠疫情、极端天气及病虫害等因素影响，全球粮食供应链产业链遭受严重冲击，再加上我国大豆、玉米进口来源地高度集中，一旦国际市场有任何风吹草动，粮食进口就会受波及。

因此，我国需要大力发展粮食生产，稳步提高大豆、油料自给率，增强粮油安全的底气。中央农村工作会议明确，要稳定粮食播种面积，促进大豆和油料增产。农业农村部也表示，要稳口粮、稳玉米、扩大豆、扩油料。要看到，我国耕地资源有限，玉米与大豆存在一定程度的争地现象，扩大豆、扩油料，要尽量避免与口粮、玉米争地。国家应通过加大政策供给力度、发展社会化服务、强化考核等方式，最大限度挖掘撂荒地、间作套种的潜力。

单从油料来看，我国油料作物丰富多元，除了大豆外，还包括油菜、葵花子、花生、亚麻籽、油茶籽、核桃、油用牡丹等。我国可以充分利用冬闲田、盐碱地、沙荒地和宜林地等，扩大油料作物多元化种植，提高油料自给率。南方地区可充分开发利用冬闲田大面积种植油菜；长江以北直至内蒙古、新疆等广大地区，在不占用耕地尤其是基本农田的情况下，可充分开发利用盐碱地、干旱地区甚至沙荒地大面积种植油葵、花生，提高非耕地利用率。同时，还可以充分利用宜林地、盐碱地、沙荒地发展油茶、核桃、油用牡丹等木本油料作物。

需要认识到，如果种粮、种大豆油菜等油料作物比较效益低，就会影响农民种粮种豆种油料作物的积极性。提高种粮种豆种油料作物经济效益，是确保粮油安全的一个关键。国家要加大强农惠农富农政策供给力度，构建价格、补贴、保险“三位一体”扶持政策体系，让农民种粮种豆种油料不吃亏。还要大力发展农业专业化社会化服务，开展生产托管、订单农业、加工物流、产品营销等多种服务，提高农业综合效益，让农民种粮种豆种油料能获利、多得利。

保障粮油安全，必须补强“软肋”。既要算经济账，更要算政治账、全局账。要做到全国“一盘棋”，无论主产区还是主销区、产销平衡区，都要落实党政同责的要求，保面积、保产量，抓住耕地和种子两个要害，最大限度挖掘粮油增产潜力，持续提升粮油供给保障能力。

（刊发于 2021 年 12 月 30 日时评版）

“囤粮致全球粮荒”这锅中国不背

近期，一家外国媒体诬称，中国大规模囤粮，恶意炒作粮价，导致一些国家出现饥荒。

新冠疫情发生以来，先是个别外媒炒作“中国需求”引发世界粮价上涨，如今又炒作中国“囤积粮食”导致全球粮荒，无非是让中国为全球粮价上涨和全球粮食危机背锅。这个锅，中国没有理由背，也绝不能背。

2021 年，我国粮食生产喜获“十八连丰”，连续 7 年保持总量在 1.3 万亿斤以上。近年来，我国小麦、稻谷两大口粮产量稳步增加，小麦产需平衡略有结余，稻谷连续多年产大于需，2021 年玉米产量增加较多，玉米供需形势持续好转，确保了谷物基本自给、口粮绝对安全。我国粮食进口旨在弥补结构性短缺，优化供给结构。这是建立在我国粮食高位增产基础之上的一种必要调剂，与所谓“大规模囤粮”扯不上任何关系，纯粹是子虚乌有。

进一步看，虽然我国进口一定数量的粮食，但并没有掌握第一手粮源，而是主要从国际四大粮商手中采购二手粮源。我国在全球粮食贸易中并无足够的话语权，也没有掌握粮食定价权。2020 年以来的全球粮食价格上涨，主要是新冠疫情持续蔓延、极端天气频发、全球流动性过剩、国际资本炒作等各种因素叠加作用的结果。我国作为粮食采购方，采购行为主要以国内实际需求为基础，并根据国际市场供应情况，采取标准的国际贸易采购行为来进行，不需要囤积，更不存在强买强卖的情况。

再者，从进口结构看，我国进口的粮食主要以大豆、玉米及高粱、大麦等为主，进口小麦和大米占比较小，对全球小麦和大米贸易影响较小。我国深知全球粮食贸易量有限，在进口粮食的时候，充分考虑世界粮食供给能力，确保进口规模相对稳定，一直在避免突然大量进口影响世界粮食安全。

我国历来重视粮食储备，但并不囤粮，面对复杂多变的国内外粮食市场形势，我国全面加强粮食储备体系建设，增强国家粮食安全保障能力。目前，我国粮食库存充足，库存消费比远高于国际粮食安全警戒线，稻谷和小麦两大口粮库存数量足够全国吃一年半以上。充足的库存是保障粮食安全的“压舱石”，使得我国有能力应对各种“黑天鹅”和“灰犀牛”事件带来的风险挑战。

尽管如此，我国粮食库存水平尚没有达到历史最高水平。在粮食收储市场化改革之前，我国由于长期实行稻谷、小麦最低收购价收购和玉米、大豆临储收购，粮食收购量、库存量节节攀升，粮食库存达历史最高，玉米和稻谷等部分粮食品种出现阶段性过剩，且库存粮食大部分集中在国有粮库，导致政府财政负担重和粮食资源巨大浪费。因此，近年来我国不仅没有囤积粮食，反倒是加快粮食去库存，直到 2020 年底才完成临储玉米去库存任务，稻谷去库存压力仍然存在。

从国际上看，在疫情引发的粮食安全恐慌之下，各国普遍增加储备规模，全球粮食库存持续增加。

手中有粮，心中不慌。世纪疫情冲击下，百年变局加速演进，外部环境更趋复杂严峻和不确定，保障好初级产品供给是一个重大战略性问题。我国要着力构建粮食“产购储加销”协同保障体系，千方百计抓好粮食生产，稳口粮、稳玉米、扩大豆、扩油料，补强粮食安全“软肋”，增强粮食储备能力，加快粮食产业高质量发展，把饭碗牢牢端在自己手里，饭碗里装满中国粮，夯实保障国家粮食安全的底气。我们只有以国内供给的稳定性应对国际市场的不确定性，才能更好做到“任凭风吹浪打，我自岿然不动”。

（刊发于 2022 年 1 月 6 日时评版）

粮食增产要与健康营养共赢

民以食为天。粮食够不够吃，质量安全不安全，是老百姓对粮食供给的最大关切。中央经济工作会议和中央农村工作会议均强调要确保粮食稳产增产，中国人的饭碗任何时候都要牢牢端在自己手中，饭碗主要装中国粮。笔者以为，在确保粮食稳产增产的同时，要实打实地调整结构，进一步抓好粮食质量，更好做到“吃得饱”“吃得安全”“吃得健康”。

粮食是民生之根本。在人多地少的国情粮情之下，确保粮食稳产增产，让 14 亿人吃饱肚子，是保障粮食安全的基本目标。近年来，我国持续提升粮食综合生产能力，2021 年粮食生产获得“十八连丰”并实现高位增产，粮食产量连续 7 年保持在 1.3 万亿斤以上，实现了谷物基本自给、口粮绝对安全，为有效应对各类风险考验增强了底气。不过，我国粮食紧平衡格局并未根本改变，确保国家粮食安全仍要紧盯着产量。这也是再次提出粮食年产量稳定在 1.3 万亿斤以上的原因之一。

党的十八大以来，在“创新、协调、绿色、开放、共享”新发展理念指引下，我国粮食生产不再单纯追求粮食产量增长，而是追求粮食产量质量效益并重的“绿色增产”。面对农药兽药残留、重金属污染、有毒有害物质超标和滥用抗生素等粮食质量安全问题，我国从转变农业生产方式入手，逐步改变拼资源、拼消耗的粗放式生产方式，发展资源节约高效利用的集约化生产，破解资源与环境两个“紧箍咒”，努力实现粮食增产与生态保护双赢。

除了紧盯产量、追求“绿色增产”外，在当前消费升级的大形势下，人们对优质粮食的需求也在增加。为保障优质粮食供给，我国积极推动粮食产业高质量发展，深入推进优质粮食工程，实施粮食品种品质品牌提升行动，着力增品种、提品质、创品牌，从“产购储加销”各个环节提升品质，实现粮食绿色化、优质化、特色化、品牌化发展，增加优质粮食供给，满足多元化、个性化、定制化需求。

需要注意的是，当前我国不少消费者陷入“精米白面”的饮食误区，一些居民认为主食吃“精米白面”就是生活水平高。为了迎合这种消费需求，很多粮食加工企业过度加工，市场上精米白面占绝对主导地位，全谷物食品逐渐被边缘化，成为饮食中的“配角”。实际上，过度加工会导致谷物营养流失严重，有可能给身体带来某些健康风险。当前，亟须引导消费者走出“精米白面”的饮食消费理念误区，提倡科学膳食，倡导“粗细搭配”，倒逼粮食加工企业由“保供”向“优供”转变，更好促进居民营养全面和身体健康。

根据联合国粮农组织的定义，粮食安全就是让所有人在任何时候都能够获得足够安全和富有营养的粮食。保障粮食安全，就是要满足不同层次的消费需求。我国人多地少，保障粮食安全首先要确保“吃得饱”“吃得安全”，在此基础上追求“吃得好”“吃得营养”“吃得健康”，实现粮食数量安全、质量安全和营养安全共赢。

（刊发于2022年1月13日时评版）

把握好粮食进口规模节奏

2021年，在新冠疫情、极端气候、国际航运价格上涨等不利因素造成全球粮食产业链供应链不稳定的情况下，我国粮食进口量突破1.6亿吨，这对于稳定国内粮食供应、优化供给结构、调剂余缺起到了重要作用。合理把握粮食进口规模和节奏，防范和化解国际市场可能带来的冲击，这是值得关注和探讨的话题。

“适度进口”是我国粮食安全战略的重要内容，是我国在综合考虑国内资源环境、粮食供求格局、国际市场贸易条件的基础上作出的理性选择。我国人多地少，立足国内资源，已经做到谷物基本自给、口粮绝对安全，但粮食结构性短缺问题日益突出，大豆自给率偏低，玉米产不足需，优质小麦、大米供给不足，适度进口粮食有利于优化供给结构，弥补结构性短缺，调剂国内余缺。

在世纪疫情和百年变局交织共振之下，当前我国粮食进口面临诸多挑战。

从粮食贸易量来看，疫情发生以来，各国普遍增加粮食库存，积极鼓励粮食进口，全球粮食贸易量连续两年创新高，但全球粮食贸易量仍然有限，再加上一些粮食出口大国为了保障国内粮食安全限制粮食出口，粮食进口不稳定性、不确定性增加。

从进口趋势看，我国加入世界贸易组织20年来，粮食进口量不断创新高，不仅有可能会冲击国内粮食产业安全，而且国际粮价波动容易传导至国内，带来稳物价方面的压力。

从进口结构看，大豆进口虽一直占据主导地位，但其进口比重呈下降趋势；谷物进口比重不断上升，其中，玉米、大米和小麦三大主粮净进口呈现常态化，特别是玉米进口量已连续两年突破进口配额。

从进口来源地看，我国粮食进口来源地高度集中，很容易受制于出口国政策、产量变化等因素。

因此，要适度进口粮食，利用国际市场解决国内粮食结构性短缺矛盾，并且把握适当比例，控制好规模和节奏；积极鼓励国内粮食企业“走出去”，培育具有国际定价权的国际大粮商，推动粮食进口来源地和品种的多元化，掌握进口的稳定性和主动权。

与此同时，我国须始终高度重视国内粮食生产，不断完善粮食储备制度，增强粮食宏观调控能力，牢牢掌握国内粮食定价权。针对疫情发生以来国内粮价大幅上涨的问题，采取强化粮食生产、用好储备资源和增加进口等一揽子保供稳价政策，引导国内粮价回归合理区间，暂时保持了国内粮价的基本稳定。

应看到，我国石油、天然气以及钾肥等大宗商品价格对外依赖程度高，需要警惕国际资本通过炒作能源价格和钾肥价格，推高化肥价格，倒逼国内粮食价格上涨。对此，应多措并举，进一步做好有效应对。

（刊发于 2022 年 1 月 20 日时评版）

粮油兼容发展避免争地矛盾

粮食安全重要，食用油安全也不容忽视。春节临近，正值食用油消费旺季，受到国际食用油价格大幅上涨的影响，国内食用植物油价格持续高位运行。面对严峻复杂的国际经济形势，我国须多措并举扩种油料，提高食用油自给率，但同时要避免与粮争地。

国内食用油价格上涨，主要是成本推动型的上涨。我国食用植物油对外依赖程度高，国内外市场植物油价格联动性强，基本上国内市场跟着国际市场走。新冠疫情发生以来，国际食用油价格持续上涨。联合国粮农组织（FAO）近期披露的统计数据显示，2021 年棕榈油、大豆油、葵花子油等在内的多种植物油价格增幅近 66%，创下历史新高，不仅领跑主要食品类型涨幅，而且“跑赢”原油 50% 的涨幅。受国际油脂油料价格大幅上涨的影响，国内食用油加工企业采购成本大幅增加，一些企业为了缓解成本压力，纷纷提高食用油终端市场价格。

从国家统计局的数据看，国内食用植物油价格上涨幅度明显高于粮食价格上涨幅度，但仍处于合理区间。这是因为，去年以来，我国始终高度重视大宗商品价格攀升带来的不利影响，并针对市场变化采取了一系列保供稳价措施，增加大豆进口和食用油进口，确保食用油稳定供应，遏制其价格不合理上涨，努力防止向居民消费价格传导，取得了显著成效。

食用油自给率低，已经成为我国保障食用油安全的“软肋”。如何提高食用植物油自给率，有效利用国际市场，是我国实现植物油安全、稳定国内植物油价格面临的长期课题。前不久召开的中央农村工作会议提出“扩油料”的工作要求，相关部门已经把“扩油料”作为一项重要任务来抓。各地应千方百计提高油料生产能力，扩种油料，提高单产水平，加快提高食用植物油自给率，才能更好地保障食用油安全。

需要注意的是，在耕地资源有限的情况下，扩种油料应尽量避免“粮油争地”的矛盾。一方面，要推动粮油兼容发展、协调发展，实施玉米大豆、小麦大豆、水稻油菜轮作，推广玉米大豆带状复合种植，或者玉米花生间作；另一方面，要充分开发利用盐碱地、荒坡、荒地、冬闲田，把“荒地”变为“植物油田”，提高土地利用率。东北地区可以开展粮豆轮作，推广玉米大豆带状复合种植；黄淮海地区可推广玉米大豆带状复合种植，开发利用盐碱地种植大豆；长江流域可充分开发利用冬闲田扩种油菜；在新疆次宜棉区，可推进花生棉花轮作，利用沙土地、河滩地、农牧交错地适度扩种花生；山区、丘陵荒坡荒地可扩大油茶、核桃种植面积，改造提升低产林地，实现扩种油料和改善生态环境的双赢。

扩种油料，要充分调动农民种植油料和地方抓油料生产的积极性。各地要严格落实地方粮食安全主体责任，坚持党政同责，促进油料增产。要落实中央要求，加大支持保护力度，建立农民种植油料的合理收益保障机制，加大产油大县奖励力度，让农民种油料有利可图、让主产区抓油料有积极性。

当前我国提高油料自给率面临很多实际困难，但在各地各有关部门和广大农民的不懈努力下，中国人的“油瓶子”今后一定会装上更多的中国油。

（刊发于 2022 年 1 月 27 日时评版）

大粮仓大粮商股权合作有深意

日前，中储粮集团与中粮集团储备加工领域分类改革股权合作协议签约仪式在北京举行。两大央企通过股权合作，将组建中储粮集团控股的粮食仓储业务合资公司和中粮集团控股的油脂油料加工合资公司，这有利于推动粮食资源向优势企业集中、向主业企业集中。

粮食安全是“国之大者”。中储粮集团与中粮集团的功能定位不同，中储粮属于公益类企业，是我国最大的粮仓，主业负责中央储备粮和政策性粮食的管理；中粮集团属于商业类企业，是我国最大的粮商，主要从事粮食加工、贸易等经营性业务。多年来，这两大粮食企业保持着良好而广泛的合作关系，中储粮政策性手段和中粮市场化手段“双轮驱动”，共同为保障粮食安全作出重要贡献。这次在股权层面开展合作，中储粮将更加专注于储备业务，中粮将更加专注于市场化经营，做强做优粮油主业，切实提升市场调控能力。此举有利于提升粮食资源配置效率和抗风险能力，为粮油产业链供应链提供稳定可靠的基础。

细究中储粮与中粮开展股权层面合作，实则是我国推动中央储备业务与商业性经营分开、强化中央储备粮管理的一个重要举措。经过多年发展，我国建立了以中央储备和地方储备为主的政府粮食储备体系，在应急救灾、保供稳价和保障国家粮食安全等方面发挥了重要作用。然而，我国政府储备存在着承储企业储备与经营“一肩挑”的问题，这种运营模式有利有弊。好处是承储企业可以通过加工经营将储备粮快速转化为终端消费品，减少中间环节，迅速投放市场，提升服务宏观调控的效率和能力。弊端是隐患多、风险大、监管难，增加储备安全风险，影响市场公平竞争，容易使承储企业陷入“与民企争利”的争议中。在世纪疫情和百年变局交织之下，国际粮食市场形势复杂多变，粮食储备安全显得尤为重要，特别是中央储备粮不能有任何闪失。

不过，中储粮从经营性业务中抽离，会否影响我国粮油终端市场调控，从而影响国家粮食安全呢？应看到，粮油加工环节是掌握粮油制成品定价权的关键。去年受全球植物油价格大幅上涨的影响，国内食用油加工企业生产经营成本增加，国内一些粮油加工企业对终端食用油产品有所提价，受到社会关注。这次合作的一个值得称道之处在于，中粮集团通过这次股权合作，有望成为国内最大的油脂油料加工企业，不仅不会影响市场稳定，还有利于增强我国粮油产品终端市场调控能力。

值得注意的是，近年来四大国际粮商在我国投资规模不断扩大，在大力发展油脂油料加工的基础上，在主产区大力发展小麦、稻谷等粮食加工业。虽然我国粮食加工企业众多，但是大多数企业竞争力不强，不具备与跨国粮商竞争的实力。中粮集团虽已跻身跨国大粮商的行列，去年营收在全球粮食企业中居首位，但在盈利能力、粮食产业链的竞争力以及全球粮食行业话语权方面，还存在明显差距，亟待追赶。

储备粮承储企业政策性职能与经营性业务分离是大势所趋，但不能一分了之。在推进这一工作的同时，国家还要加快培育一批大型粮油加工企业，牢牢掌握国内粮油终端产品定价权，在国际市场形成一定的话语权和定价权，更好地保障国家粮食安全。

（刊发于 2022 年 2 月 10 日时评版）

智能粮库促粮库管理变革

粮食是有生命的，对储存条件的要求极为苛刻，温度过高、湿度过大都会影响粮食储存品质。我国粮食库存充足，粮库建设得好不好，直接关系到粮食储存安全。近日发布的中央一号文件提出，加强智能粮库建设，促进人防技防相结合，强化粮食库存动态监管。这意味着我国粮食仓储设施建设将再上新台阶。各地须从国家粮食安全战略高度出发，统筹规划建设智能粮库，为确保储备粮数量安全、质量安全和储存安全提供技术支撑。

我国自古以来就非常重视粮食储备和粮库建设，蔚州常平仓、郧阳大丰仓、北京南新仓等粮仓历经漫长岁月，见证了我国粮食产业发展的历史。70 多年来，我国粮食仓储设施建设水平突飞猛进，粮食仓容从新中国成立初期的 60 亿斤发展到现在的 1.3 万亿斤以上，粮库也由初期祠堂、庙宇、民房改建而成的粮仓，发展为苏式粮仓，再到现在高大平房仓、浅圆仓、立筒仓等现代化粮仓成为主流仓型。

我国幅员辽阔，大大小小的粮库遍及全国各地。各地经济发展水平存在差异，一些地方储备粮库仍然存在危老仓库多、安全隐患大、储粮技术落后、信息化水平低、管理粗放、监管难度大等问题，个别库点库存粮食存在质量安全问题，粮食损失损耗严重。更为严重的是，个别粮库管理人员“靠粮吃粮”，监守自盗，储备粮食中掺杂使假、以次充好等问题时有发生，“人情粮”“转圈粮”现象屡禁不绝，危及国家粮食安全。

智能粮库建设是确保储备粮储存安全、增强粮食安全保障能力的重要举措。通过智能化粮库建设，可以使遍布在全国各地的储备粮库形成“一盘棋”“一朵云”“一张网”，无论是粮库保管员、负责人，还是上级部门管理人员，都可以随时随地通过在线监测平台这个“千里眼”，对管辖范围内的粮库开展常态化、实时化远程监管。通过开发统一的智能粮库信息平台，将仓储智能化、出入库作业、船扦作业、库端业务管理系统和 OA 办公等多个子系统有机集成，解决了困扰粮库多年的“信息孤岛”问题，不仅提高了作业效率，降低了粮食损失损耗，确保粮食安全看得见、管得住，而且能预防储备粮库内腐败案件的发生。

高科技像空气一样渗透在粮库的每一个角落，到处闪耀着科技的光芒。从各地已建成的智能粮库看，每一个智能粮库都是一个高科技载体。智能粮库建筑材料采用新型辐射制冷材料，推广应用制冷控温、内环流控温、气调储粮和平房仓横向通风集成等绿色储粮技术以及大数据、云计算、区块链、人工智能等智能技术，通过粮情监测技术能实时监控仓内温度、湿度、水分、害虫、霉菌、气体等变化。

从我国粮库发展历程看，每一次储粮技术进步都会推动粮库管理方式的变革。如果说现在广泛应用的机械通风、环流熏蒸、粮情监测、谷物冷却“四合一”储粮技术推动了粮库管理从人工操作的粗放式管理向机械化、自动化水平较高的集约化管理变革，实现了绿色储粮，提高了作业效率，降低了粮食损失损耗，那么，智能粮库建设则推动着粮库管理方式从集约化管理向精细化管理转型，使我国粮库管理迈入信息化、智能化时代。

需要提醒的是，智能化粮库建设并不完全是另起炉灶，而是在整合利用现有粮食仓储资源的基础上优化提升，既可以新建，也可以应用绿色储粮技术和信息化、智能化技术对旧的粮库进行改造提升。无论怎么建，一定要克服“重建设、轻管理”倾向，坚守数据安全底线，筑牢数据安全防护体系，在保障智能粮库信息系统稳定运行的同时，加强储备粮数据安全管理。

（刊发于 2022 年 2 月 24 日时评版）

俄乌冲突搅动国际粮食市场

新冠疫情阴霾尚未散去，俄乌两个“世界粮仓”的军事冲突引发全球粮价再次剧烈震荡。全球小麦、玉米价格跳涨，食用油价格也在前期大幅上涨的基础上继续上扬，粮食市场敏感神经受到触动。全球粮食供应格局、我国粮食进口安全等是否会受影响？对此，不能不给予密切关注。

在经济全球化的背景下，世界粮食市场高度融合。从供需基本面来看，目前全球的粮食年产量基本能够满足全球人口的粮食需求，但近年来受疫情、地区冲突和极端天气频发等各种因素叠加影响，全球粮食体系难以正常有效运转。其中，地区冲突往往会引发粮食产业链供应链中断或破裂，不仅会造成短期粮食价格大幅波动，还会影响长期的粮食产业布局，在极端情况下甚至可能导致全球性粮食危机。

俄罗斯和乌克兰都是粮食生产大国和出口大国，主要生产小麦、玉米、大麦、燕麦、葵花子、油菜籽，在世界粮食贸易中的地位举足轻重。目前，俄罗斯是世界小麦出口国，乌克兰是世界小麦出口国、玉米出口国和葵花子油重要出口国，有着“欧洲粮仓”的美誉，两国的粮食出口到欧洲、亚洲、非洲等地，两国小麦出口量加起来占全球小麦贸易量的比重超过 28%。如果俄乌冲突在短时间内得不到解决，一些主要依赖俄乌两国粮食进口的国家可能会寻找替代粮源，势必会进一步加剧全球粮食供应紧张、粮价上涨，增强全球通胀预期。

俄乌两国也是我国粮食进口重要来源地，我国每年都会从这两个国家进口小麦、玉米、大麦、葵花子、油菜籽、大豆等重要农产品，但进口总量小，俄乌冲突对我国粮食进口安全影响有限。从我国粮食进口结构看，大豆进口占主导地位，玉米及其替代品大麦、高粱进口比重次之，稻谷和小麦进口比重非常小。从进口来源地看，大豆主要从巴西、美国、阿根廷等美洲国家进口，玉米主要从美国、乌克兰进口，小麦主要从美国、加拿大、澳大利亚、俄罗斯等主要小麦生产国进口。近年来，为了改变粮食进口来源地过于集中的问题，我国不断拓展粮食进口来源地，从俄乌两国进口的粮食有所增加，但还没有对俄乌两国粮食进口形成依赖。要看到，我国粮食连年丰收，库存处于历史高位，小麦和稻谷库存占比超过 70%，玉米库存增加，库存有底气，调控有手段，完全有能力有信心保障国家粮食安全。

值得注意的是，俄乌两国不仅是粮食生产大国和出口大国，也是世界上重要的化肥生产大国和出口大国。在全球化肥价格持续上涨的态势下，俄乌冲突有可能影响全球化肥供应，引发全球化肥价格波动，抬高粮食生产成本，影响农民种粮积极性。作为化肥生产大国和出口大国，我国氮肥、磷肥实现自给自足，钾肥对外依赖程度较高。在当前春耕备耕的关键时期，促进化肥保供稳价，对全年粮食稳产增产目标的实现至关重要。

（刊发于 2022 年 3 月 3 日时评版）

构建更高水平粮食安全保障

粮食安全是“国之大者”，关乎国家安全、社会稳定。在今年全国两会上，粮食安全再次成为一个热门话题。今年以来，新冠疫情持续，汤加火山爆发、南美干旱、俄乌冲突等突发事件导致全球粮价持续震荡，引发全球性粮食供应担忧。构建更高水平的粮食安全保障体系，确保粮食稳定供应，才能有效防范和应对各种突发事件可能导致的粮食危机甚至社会危机。

党和政府历来高度重视粮食安全，依靠自身力量彻底解决了中国人民的吃饭问题，有力地回答了“谁来养活中国”的疑问。党的十八大以来，我国着力构建粮食安全保障体系，粮食产量连续 7 年稳定在 1.3 万亿斤以上，政府储备与企业储备互为补充，库存充裕，今年我国人均粮食占有量达到 483 公斤，比去年的 474 公斤增加了 9 公斤，把中国人的饭碗牢牢端在自己手中，饭碗里装满了中国粮。无论国际形势如何变化，我国都有能力有信心保障“米袋子”安全，而且饭碗越端越稳，吃得也越来越好。

居安思危，有备无患。当前我国粮食供需形势总体较好，粮食供应有保障，但这并不等于说不存在问题，不等于可以高枕无忧，各种突发事件造成的粮食不安全事件仍有可能发生。从中长期看，我国粮食供需紧平衡格局不会发生根本变化，粮食安全还面临着资源与环境的硬约束、种粮效益比较低、区域性供给不均衡及结构性矛盾比较突出等深层次问题。因此，在粮食安全问题上不能有丝毫麻痹大意，要始终紧绷粮食安全这根弦，始终保持粮食安全战略的定力，牢牢守住保障国家粮食安全的底线，把中国人的饭碗任何时候都要端在自己手中，决不能在吃饭这个基本生存问题上让别人卡住我们的脖子。

粮食生产是保障国家粮食安全最重要的基石。在粮食生产实现“十八连丰”的基础上，今年我国再次把粮食生产目标确定为年产1.3 万亿斤以上。只有全力以赴抓好粮食生产，才能稳住粮食安全这块“压舱石”，把饭碗牢牢端在自己手中。要稳定粮食播种面积，优化布局，稳口粮、稳玉米，扩大豆、扩油料，弥补结构性失衡问题。针对粮食生产效益偏低的问题，要加强政策供给，调动和保护农民种粮积极性和地方抓粮积极性，激发粮食生产的内生动力，严格落实藏粮于地、藏粮于技战略，抓住耕地和种子两个关键，持续增强粮食综合生产能力，最大限度挖掘粮食供给潜力。

随着生活水平的提升，粮食消费需求从吃得饱向吃得好、吃得营养健康转型，居民食物消费结构发生重要变化，人均口粮消费需求下降，而肉蛋奶、蔬菜、水果等食物消费需求上升。要树立大食物观，在确保粮食安全的基础上，保障肉类、蔬菜、水果、水产品等各类食物有效供给。在保护生态环境的前提下，从有限的耕地资源向整个国土资源拓展，向耕地要粮食，也要向草原要食物，向森林要食物，向江河湖海要食物，全方位多途径开发食物资源。这些食物供给增加不仅能实现各类食物供求平衡，更好满足人们日益多元化的食物消费需求，而且能直接或间接替代传统主粮，为粮食安全目标的实现提供有力支持。

保障粮食安全，不能只算经济账，也要算政治账。从经济角度看，粮食种植效益低，有的地方抓粮食生产、保粮食安全的积极性不高。各地要提高政治站位，全面落实党政同责，严格粮食安全责任考核，主产区、主销区、产销平衡区都有责任保面积、保产量，切实稳定和提高主销区粮食自给率，确保产销平衡区粮食基本自给。只要各方共同努力，就一定能更好地装满“米袋子”，充实“菜篮子”“肉盘子”“奶罐子”。

（刊发于 2022 年 3 月 10 日时评版）

调入地区更要稳定粮食生产

保障粮食安全不能只盯着主产区，忽视产销平衡区和主销区应该承担的粮食安全责任。今年的《政府工作报告》指出，保障国家粮食安全各地区都有责任，粮食调入地区更要稳定粮食生产。各方面要共同努力，装满“米袋子”、充实“菜篮子”，把 14 亿多中国人的饭碗牢牢端在自己手中。这再次提醒各地，务必统筹好经济发展和粮食生产的关系，决不能把工业化、城市化变为“无粮化”。

多年前，我国根据粮食生产与消费量的特征，把全国划分为粮食主产区、产销平衡区和主销区三大功能区。随着工业化、城镇化的快速发展，我国粮食生产布局发生了从南粮北运到北粮南运的根本性变化，粮食生产区域越来越集中，主产区与主销区之间的区域性供给不平衡问题日益凸显。目前，黑龙江、吉林、辽宁、内蒙古等 13 个主产区的粮食产量占全国粮食总产量的 70% 以上，能够调出粮食的主产区仅有几个，主销区的粮食自给率不断下降，有的自给率不足 30%，“鱼米之乡”广东、浙江、福建等地由粮食调出地变为粮食调入地。

粮食生产区域过分集中，全国粮食安全高度依赖主产区，会给粮食安全带来很多风险和挑战。粮食生产受耕地、水资源、天气等自然条件制约，我国是一个自然灾害易发频发的国家，一旦主产区遭遇大面积自然灾害，导致粮食大面积减产，就会影响粮食供需平衡。同时，东北、华北等地干旱少雨，主产区北移加剧了资源环境压力，导致黑土地退化、地下水超采、土壤污染等问题严重，影响粮食生产的可持续发展。而且，北方主产区干旱缺水严重，南方主销区水资源丰富，虽然南水北调工程有助于缓解北方缺水之痛，但资源错配造成的资源浪费问题不容忽视。

粮食生产布局变化背后的深层逻辑是市场因素在起作用。在工业化、城镇化快速发展过程中，部分东南沿海经济发达地区为了追求更高的经济效益，某种程度地忽视粮食生产，大量耕地用来建工厂、建高楼大厦，种植效益更高的经济作物。虽然国家有耕地占补平衡的法律规定，但基本都是占多补少、占优补劣、占近补远，主销区耕地“非农化”“非粮化”问题相对突出，粮食自给率呈现下降趋势。主产区对国家粮食安全做出了巨大贡献，但经济发展水平明显落后于主销区。国家为了调动主产区重农抓粮积极性，通过财政转移支付、加大对产粮大县奖励力度等办法加大对主产区的利益补偿，推动粮食生产实现“十八连丰”，但产粮大县“高产穷县”状况没有得到明显改善。

保障粮食安全，不能只算经济账，更要算政治账、算长远账。必须坚持全国一盘棋，各地都要提高政治站位，主产区、产销平衡区和主销区要共同扛起粮食安全的重任，为保障粮食安全提供更好的物质基础。粮食生产效益低，如果完全依靠市场配置资源，实现粮食稳产增产目标的难度很大。粮食调入地区需要顾全粮食安全大局，稳定粮食生产，保持应有的自给率。这样，不仅能增强区域粮食安全保障水平，有效防范和抵御各种自然风险和市场风险，而且有助于减轻主产区粮食供给压力，缓解主产区资源环境压力，让主产区水土资源得以休养生息，促进粮食生产可持续发展。

（刊发于 2022 年 3 月 17 日时评版）

健全农民种粮收益保障机制

农民是粮食生产的主力军，让农民种粮有收益，国家粮食安全才能有保障。在今年春耕生产关键时期，中央财政发放一次性农资补贴、适当提高稻谷和小麦最低收购价、三大粮食作物完全成本保险和种植收入保险在主产区实现全覆盖……一系列含金量极高的支农惠农富农政策陆续落地实施，有利于稳定农民种粮信心，激发粮食生产内生动力，确保今年粮食稳产增产目标的实现。

化肥是粮食的“粮食”，化肥保供稳价直接关系粮食等农业生产稳定。今年受俄乌冲突影响，全球粮价飙升，国内粮食价格出现上涨势头，这有利于刺激农民种粮积极性。但受能源价格上涨、俄乌两国限制化肥出口等因素叠加影响，国内化肥价格上涨速度快于粮价上涨幅度，抬高了种粮生产成本，侵蚀农民种粮收益，影响农民种粮积极性。为了对冲农资价格上涨带来的种粮收益下降，近期中央财政对实际种粮农民发放一次性 200 亿元农资补贴，缓解农资价格上涨带来的种粮增支影响，稳定农民收入，调动农民种粮积极性。

党的十八大以来，我国高度重视粮食生产，粮食生产实现连年丰收，粮食产量连续 7 年稳定在 1.3 万亿斤以上。目前，我国粮食库存充足，实现了谷物基本自给、口粮绝对安全的粮食安全目标，把中国人的饭碗牢牢端在自己手中。这一辉煌成就的背后离不开亿万农户的辛勤劳作。

当下，我国粮食供需形势总体较好，但大豆对外依赖程度过高，玉米供需偏紧，结构性短缺已成为我国粮食安全面临的突出问题。在当前国际环境不确定性增加的大背景下，作为一个拥有 14 亿多人口的大国，今年要实现 1.3 万亿斤以上的粮食生产目标，实现稳口粮、稳玉米，扩大豆、扩油料的农业结构优化目标，补强国家粮食安全的短板，仍然离不开亿万农户的辛勤劳作。

稳粮增产首先要稳住农民种粮信心。种粮比较收益低，有时农民种一亩地的年收入还不如外出打工几天挣的钱多。这是影响农民种粮积极性的主要因素。农民不愿意种粮，还因为担心种出的粮食卖不上好价、收不回成本。粮食生产受自然灾害和市场波动双重风险的影响，有时农民忙活一年，一旦遭遇干旱、暴雨等极端天气，或者遭遇粮食价格震荡下跌，不仅赚不到钱，还有可能负债累累。要调动和保护好农民种粮积极性，必须健全农民种粮收益保障机制，力争做到政策保本、经营增效。

农业是一个政策性很强的产业，国家农业政策可以说是影响农民种粮积极性的晴雨表。今年中央一号文件提出，适当提高稻谷、小麦最低收购价，稳定玉米、大豆生产者补贴和稻谷补贴政策，实现三大粮食作物完全成本保险和种植收入保险在主产省产粮大县全覆盖三大政策，让种粮农民摆脱“看天吃饭”“看市场吃饭”的命运，可以一门心思发展粮食生产。

农业政策有时只能起到保本的作用，要让农民种粮真正有钱赚，还需要靠经营增效。家庭农场、农民合作社、农业产业化龙头企业可以通过多种粮、种好粮，取得不错的收入。对于小农户来说，要加快发展农业社会化服务，支持农业服务公司、农民合作社、农村集体经济组织、基层供销合作社等各类主体大力发展单环节、多环节、全程生产托管服务。要引导小农户参与现代农业发展，把一家一户单打独斗式生产变为规模化、集约化、标准化、机械化生产，让农民更多分享粮食全产业链发展的增值收益，真正破解“谁来种地”“如何种好地”的难题。进一步利用农资集采的成本优势，降低化肥等农资的采购成本，提高种粮综合效益，让种粮农民有钱挣，尽可能多得利。

（刊发于 2022 年 3 月 24 日时评版）

精准发力确保粮食稳产增产

今年以来，国际市场风云变幻，国际粮价持续飙升，国内粮价水涨船高，小麦、玉米、豆粕、食用油价格不断创新高，输入性通胀担忧加剧。对此，国家高度关注粮食安全，保障粮食安全的措施密集出台，中央支持粮食生产的一揽子政策近日落地，精准发力确保实现今年粮食稳产增产目标，筑牢粮食安全屏障。

我国一直高度重视粮食生产，粮食生产连年丰收，粮食产量连续 7 年稳定在 1.3 万亿斤以上，从世界排名来看，我国粮食产量连续多年位居世界第一。目前我国粮食库存充足，库存水平远高于国际粮食安全警戒线，有能力、有手段保障粮食稳定供应。然而，我国粮食安全的短板也比较明显，粮食供需长期处于紧平衡，玉米供需偏紧，大豆、油料高度依赖进口，受国际市场冲击较大，与国际市场共振现象明显。这也是近期国内豆粕、玉米、油料以及食用油价格涨幅较大的重要原因。

充足的粮食供应是保障粮食安全的"压舱石"，是有效应对国际市场冲击的定海神针。我国要立足国内稳粮增产补强短板，保障 14 亿多人的"米袋子""菜篮子"，以国内供给的稳定性应对外部环境的不确定性。目前来看，今年我国粮食生产目标和路径已经明确，确保粮食年产量稳定在 1.3 万亿斤以上，并针对粮油供需不平衡的问题，调整农业种植结构，在稳定稻谷、小麦和玉米三大主粮的基础上，实施大豆和油料产能提升工程，采取过硬措施增加大豆种植面积，因地制宜扩大油料作物生产。

耕地是粮食生产的命根子。在耕地资源有限的情况下，实现扩大豆、扩油料的目标，须遵循不与粮争地的原则，尽可能实现粮豆、粮油兼容发展。同时，要拓宽传统的粮食边界，以大食物观统筹粮食和食物安全，在保护好生态环境的前提下，从有限的耕地资源向整个国土资源拓展，向草地、森林、江河湖海要食物，全方位多途径开发丰富多样的食物品种，更好满足人民群众日益多元化的食物消费需求。

农业是弱质产业，不仅效益不高，还容易受自然风险和市场风险的影响，对传统农业进行保护与补贴是各国通行做法。多年来，我国一直加大对粮食生产的扶持力度，从今年中央支持粮食生产的一揽子政策看，保持了政策的连续性和稳定性，补贴范围更广，标准更高，涵盖耕地地力保护、农资补贴、农机补贴、玉米大豆生产者补贴和稻谷补贴、玉米大豆带状复合种植补贴等，并提高中西部和东北地区粮食种植保险保费补贴比例，扩大产粮大县奖励力度等。这些政策的落地实施，有助于提高粮食综合生产能力，有助于调动和保护农民种粮和主产区抓粮积极性，有助于促进种植结构调整。

值得关注的是，在去年支持粮食主产省份新创建5个粮食国家现代农业产业园和5个粮食产业集群的基础上，今年国家将支持建设一批粮食油料产业园和产业集群，推动粮油产业“生产＋加工＋科技＋营销”一体化发展。实践证明，粮食产业越发达，粮食抗风险能力越强。推动粮食产业集群集聚发展，不仅可以让小农户分享粮食产业链增值收益，也有利于主产区把粮食资源优势转化为经济发展优势，逐步走出“高产穷县”的财政困境。

（刊发于2022年3月31日时评版）

向森林要粮不是毁林种田

走进郁郁葱葱的森林，人们可以呼吸清新的空气，聆听悦耳的鸟鸣，还可以采摘野菜、坚果等天然食物。继今年全国两会期间提出“向森林要粮食”后，习近平总书记近日在参加首都义务植树活动时又指出森林是“粮库”，足见森林对于保障粮食安全的重要性。开发丰富多样的森林食物，可以拓宽食物生产和供给渠道，但一定要在严格保护生态环境的前提下进行，决不能走“开山种粮，越种越荒”毁林造田的老路。

经过长期不懈努力，我国以占世界 9% 的耕地、6% 的淡水资源养育了世界近 1/5 的人口，实现了从吃不饱到吃得饱、进而到吃得好的历史性转变，正向吃得健康、吃得营养转型。然而，从中长期看，我国粮食供需仍将处于紧平衡，大豆和油料对外依存度较高的问题短期内难以解决。而且，受到资源与环境双重硬约束，粮食增产难度越来越大。树立大食物观，从有限的耕地资源向整个国土资源拓展，全方位、多途径开发食物资源和食物品种，就成为当前保障粮食安全的战略选择。

森林自古以来就是人类食物的宝库，为人类源源不断地提供粮食、蔬菜、水果、肉类等食物资源。我国山地辽阔，森林资源丰富，生物资源种类多样，蕴藏着丰富的农产品，包括香椿、鱼腥草、蘑菇、木耳等山野蔬菜，能代替粮食的大枣、柿子、板栗、榛子等森林粮食，能榨油的油茶、油桐、油橄榄、核桃等木本油料，苹果、蓝莓、荔枝、柚子等森林水果，金银花、咖啡、苦丁茶、甘草等森林饮料，花椒、胡椒、八角等森林香料，等等。

向森林要粮食，大力发展木本粮油产业，把森林建设成为“粮库”“油田”，对保障国家粮油安全具有重要作用。根据《林草产业发展规划（2021—2025年）》，到2025年，我国经济林种植面积达6.5亿亩，各类经济林产品总产量稳定在2亿吨以上；木本油料种植面积达2.7亿亩左右，木本食用油年产量达250万吨，其中油茶种植面积达9000万亩，茶油年产量达200万吨。发展木本油料产业，既可以避免粮油争地的矛盾，又可以大幅改善我国食用植物油自给能力不足的现状。

从目前来看，我国森林食物市场发展潜力巨大，但开发力度不足。如一些丘陵山区木本油料产业化程度低，尚未形成规模，再加上加工技术不足、产品附加值低，造成木本油料利用率偏低。要聚焦保障国家粮油安全，推进木本粮油生产基地建设，推进树种结构调整、品种改良和基地建设，做优做强特色果品、木本粮油、木本调料、林源饲料等产业。强化科技研发，让越来越多的森林蔬菜、森林粮食、森林食用油、森林水果走向消费者的餐桌，更好满足人民美好生活需要。

需要警惕的是，森林也是“水库”“碳库”，能够涵养水源、保育土壤，对国家生态安全具有基础性、战略性作用。向森林要粮食，是开发森林资源，一定要摒弃毁林造田的狭隘思维。靠山吃山需要有底线意识，林地是农民重要的生产资料和生活保障，要在持续巩固提高森林覆盖率的前提下，按照生态产业化、产业生态化的发展思路，探索发展林下种植、养殖及相关产品采集加工。这样不仅可以从森林中获取食物，还可以不断提升林区农民收入，巩固拓展脱贫攻坚成果，守住不发生规模性返贫底线，助推乡村振兴，真正实现生态效益、经济效益和社会效益多赢。

（刊发于 2022 年 4 月 7 日时评版）

“储备粮致全球粮价上涨”的说法荒唐

俄乌冲突带给全球粮食市场的冲击波还在持续，很多国家承受着粮价和食品价格大幅上涨的压力。令人啼笑皆非的是，最近一些外媒又盯上中国的储备粮，认为中国“提前预知”冲突的发生，扩充粮食储备，导致全球粮价上涨，呼吁中国开仓投放20%储备粮拯救欧洲市场。这一说法很荒唐，是完全站不住脚的。

必须明确指出的是，全球粮价上涨非中国之过，恰恰相反，中国自食其力，解决了14亿多人吃饱饭的问题，消除了国际社会对中国粮食问题的担忧，为世界粮食安全作出重大贡献。储备粮是保百姓饭碗的粮食，以备不时之需，中国大幅度减少粮食库存，会严重影响粮食稳定供应，引发市场剧烈震荡，影响国家粮食安全乃至社会稳定。

储备粮是世界各国保障粮食安全的重要举措，美国、欧盟国家、日本等发达国家均有粮食储备。粮食库存与消费比是衡量一个国家粮食安全状况的重要指标，按照联合国粮农组织的规定，世界粮食库存与消费比达到17%是安全的，低于17%是不安全的，低于14%则属于粮食安全紧急状态。一个国家的储备规模相对固定，有时会随着粮食丰歉而有所起伏。粮食丰收，库存量会增加；粮食歉收，库存量会减少。近几年，在新冠疫情、极端天气以及地区冲突多重因素作用下，全球粮食产业链供应链受损，粮食供需矛盾加剧，一些国家为了更好保障国内粮食供应，纷纷增加储备规模，鼓励粮食进口。

仓无备粟，不可以待凶饥。中国自古以来就有粮食储备的传统。改革开放以来，我国建立了中央储备粮和地方储备粮互为补充的粮食储备体系，在稳市、救灾、恤民方面发挥了重要作用，是粮食宏观调控的“蓄水池”、稳定粮食市场的“定海神针”、保障国家粮食安全的“压舱石”。

今年以来，受新冠疫情持续、南美干旱及俄乌冲突等因素叠加影响，国内粮价承压上涨。我国在不断释放粮食稳产增产信号、稳定市场预期的同时，持续投放政策性稻谷、小麦和大豆，有效满足企业用粮需求，保持了国内粮食价格和食品价格的稳定。从国家统计局发布的数据看，今年 3 月我国食品价格同比下降 1.5%，与全球食品价格大幅上涨 30% 以上的局面形成鲜明对比。

值得注意的是，虽然我国粮食连年丰收，储备充足，供应有充分保障，但粮食供需紧平衡的状况并未改变，大豆、油料等个别农产品严重短缺，成为保障粮食安全的潜在隐患。在世纪疫情和百年变局交织的背景下，国际环境不稳定性不确定性明显增加。我国未雨绸缪，始终紧绷粮食安全这根弦，全力抓好粮食生产和重要农产品供给，以国内供给的稳定性应对国际环境的不确定性，牢牢守住国家粮食安全的底线。

手中有粮，心中不慌。我国更加重视国家储备安全，实行政府储备规模动态调整，优化储备粮品种结构和区域布局，并根据需要适时适度增储。除了政府储备外，我国库存粮食还包括政策性粮食和企业周转粮。近年来，我国深化粮食收储市场化改革，市场化收购比重超过90%，作为市场缓冲力量的贸易粮、周转粮明显增加，粮食库存结构更加优化，市场调控和供应保障能力持续增强，企业抗风险能力不断提高，保障粮食安全的层次更加丰富。

管好储备粮，对于保障国家粮食安全至关重要。近年来，我国强化政府储备粮管理，一方面，大力推进高标准粮库建设，推广使用智能通风、保温隔热、电子测温等绿色储粮新技术和信息化智能化技术，实现了安全储粮、绿色储粮、智慧储粮；另一方面，依法对储备粮实行强监管，加大反腐力度，严惩“靠粮吃粮”的腐败分子，确保储备粮数量真实、质量良好和储存安全，更好地维护国家粮食安全。

（刊发于2022年4月14日时评版）

谨防国际粮价高位波动传至国内

粮价关乎国计民生，关乎经济社会稳定大局。今年以来，受地缘政治冲突等因素影响，国际粮价持续大幅上涨，创出历史新高。相比之下，国内粮价总体保持稳定，国家统计局数据显示，今年一季度全国居民消费价格（CPI）同比上涨 1.1%，其中，粮食价格上涨 1.7%。从目前国际形势看，俄乌冲突的蝴蝶效应还在蔓延，未来全球粮价高位波动的可能性较大。我国要坚持综合施策、精准调控，阻断国际粮价高涨向国内传导通道，确保国内粮食市场平稳运行。

粮食稳产增产是保障粮食稳定供应的“压舱石”。面对复杂严峻的外部环境，要牢牢稳住农业基本盘，以国内供给的稳定性应对国际环境的不确定性。当前，正值春耕春管关键时刻，新冠疫情在国内多点散发造成不利影响。中央高度重视粮食生产，中央财政综合实施补贴、奖励、金融等一揽子支持粮食生产政策，精准发力，确保粮食稳产增产目标的实现。要坚持地方党政同责，以高度的政治责任感做好疫情防控和春耕生产“两手抓、两不误”，打通堵点卡点，开设农资物流绿色通道，确保农资及时到村到店到户，确保春耕生产有序推进。

充足的库存是保障粮食市场平稳运行的“稳定器”和“调节器”，管好用好库存粮食是稳定粮价的重要举措。我国粮食库存充足，库存结构优化，36 个大中城市主城区及市场易波动地区的地方成品粮油储备达到 15 天及以上，全国形成都市区“1 小时”、周边城市“3 小时”、城市群“5 小时”的“全国粮食 135 应急保障圈”，市场调控和供应保障能力持续增强。今年以来，有关部门根据市场形势和调控需要，精准安排政策性粮食销售，有效满足市场需求。这为我国应对全球粮食危机风险，保障国家粮食安全提供了坚实基础和有利条件。

进口粮食是调节国内余缺、解决国内结构性短缺的重要手段。今年以来，受疫情、极端天气和地缘政治冲突等多重因素影响，全球粮食产业链供应链受损，也给我国进口粮食带来不利影响。海关总署最新发布的数据显示，今年一季度，我国粮食进口总量略有下降。从进口结构看，玉米、高粱、大麦、小麦等四大谷物进口量同比增长 3%；大豆累计进口量同比减少 4.2%；食用油累计进口量同比下降 62.8%。需要注意的是，受国际粮价大幅上涨的影响，我国粮食进口成本大幅上涨。一季度我国粮食进口量下降，但进口金额同比增长 20%。

在全球粮价高涨的情况下，我国虽然暂时确保了国内粮价平稳运行，但我国钾肥对外依赖程度较高。俄罗斯是全球最大的钾肥出口国之一，俄乌冲突加剧了全球钾肥供应紧张的局面，导致全球化肥价格持续上涨。国际国内原油、煤炭能源价格大幅上涨，再加上国内疫情多点散发，导致化肥生产、运输成本上涨，抬高了粮食生产成本，有可能进一步推高粮食价格。有关部门通过投放储备化肥、引导重点钾肥生产企业增产增供、积极组织扩大钾肥进口、畅通钾肥国内运输、降低铁路运输成本等措施，全力推动钾肥保供稳价。

粮价是百价之基。国际形势仍存在很多不稳定不确定因素，形势更趋复杂严峻，国际资本炒作对粮价上涨起到推波助澜的作用。管控好粮食价格波动风险，仍然面临诸多挑战。要强化底线思维，增强风险意识，毫不松懈抓好粮食保供稳价工作，稳住“田里的粮”，管好用好“库里的粮”，加大对投机资本的打击力度，保持粮食量足价稳，为全年物价调控目标的实现奠定坚实基础。

（刊发于2022年4月21日时评版）

“逆全球化”加剧全球粮食危机

俄乌冲突仍在持续，全球粮价在近年来大幅上涨的基础上继续攀升。联合国粮农组织最新发布的数据显示，今年3月份以来，国际粮食价格同比上涨高达12%以上，创下10年来新高。全球粮价上涨使得数以亿计的人口陷入贫穷和饥饿的境地，全球粮食安全问题亟待引起更多重视并加以解决。

世纪疫情叠加地缘政治冲突，是引发此轮全球粮价上涨的直接原因。俄罗斯和乌克兰是世界两大粮仓，是全球粮食市场的重要参与力量，两国粮食出口在全球粮食贸易中占比较大。从联合国粮农组织的数据看，两国小麦出口量约占全球出口量的30%、玉米出口占20%、葵花子油出口约占63%。近50个国家依赖这两个国家满足自身至少30%的小麦进口需求，其中26个国家逾半数的小麦进口来自俄乌两国。冲突发生以来，俄乌两国粮食和化肥出口受阻，对全球粮食稳定供应产生重要影响。

从深层次看，世界粮食生产和布局很不平衡，粮食生产和出口国高度集中，消费和进口国呈分散状态，粮食供需区域性矛盾突出，这种供需格局容易受疫情、地区冲突、国家政策变动、物流受阻等因素影响。经济全球化促进全球粮食市场深度融合，推动了全球粮食贸易的繁荣，促进着全球粮食供需平衡。然而，近年来某些国家出现了“逆全球化”趋势，贸易保护主义抬头，扰乱了全球粮食贸易秩序，加剧全球粮食危机。

本轮全球粮食价格飙升，再次成为欧美国家攫取世界财富的盛宴，四大跨国粮商成为全球粮价上涨的直接受益者。美国嘉吉、美国邦吉、美国 ADM 和法国路易达孚四大跨国粮商垄断了全球 80% 以上的粮食交易。据外媒报道，今年以来，嘉吉公司的家族财富暴增，美国 ADM 公司今年 2 月份以来的股价涨幅超过 20%，法国的路易达孚公司预计今年利润增长 80%。

与跨国粮商财富暴增相比，全球粮价上涨使多个国家粮食安全状况面临严峻挑战，对非洲、中东、拉美一些贫穷国家更是“无声的打击”，越来越多的国家面临食物短缺问题。为了应对粮食进口和投入品成本上升的问题，联合国粮农组织提议设立全球粮食进口融资基金，用于满足紧急需求且仅限于向低收入和中等偏下收入粮食净进口国提供援助。

面对世界粮食贸易格局新形势，为保障本国粮食安全，一些生产国限制粮食出口，一些依赖俄乌两国进口粮食的国家开始寻找替代粮源，一些国家补充储备库存，粮源竞争加剧。在全球粮食价格上涨的刺激下，印度、巴西、澳大利亚等粮食生产大国扩大粮食出口，或许能在一定程度上填补俄乌两国冲突造成的全球供应缺口，但无法从根本上解决全球粮食供应紧张问题。

甘蔗同穴生，香茅成丛长。经济全球化的趋势不可逆转，各国应围绕粮食安全推进务实合作，维护全球粮食产业链供应链稳定，共同应对全球粮食危机的冲击。作为世界上最大的发展中国家和负责任大国，中国始终是维护世界粮食安全的积极力量。中国在千方百计发展粮食生产的同时，坚持建设开放型世界经济，积极参与世界粮食安全治理，加强国际交流与合作，进一步加强与“一带一路”沿线国家粮食合作，努力促进全球粮食供需平衡。

（刊发于 2022 年 4 月 28 日时评版）

“人汽争粮”抬升全球粮价

近期，美国两项与粮食相关的政策颇为引人关注。4 月 12 日，美国宣布 6 月到 9 月开放高乙醇含量汽油销售，以控制油价。4 月 27 日，美国又宣布向因俄乌冲突而受到粮食安全威胁的国家提供价值 6.7 亿美元的粮食援助。美国大规模应用乙醇汽油，或将再次引发全世界“人汽争粮”的矛盾，抬升全球粮食价格，增加粮食进口国进口成本。

生物能源是美国能源的重要组成部分，是美国用来调节能源供求的重要手段。20 世纪 70 年代，美国为摆脱对进口石油的依赖，开始大规模发展生物能源，用玉米加工燃料乙醇，以豆油为主要配置原料加工生物柴油，目前已发展成为全球最大的生物燃料乙醇生产国、消费国和出口国。作为粮食生产大国和出口大国，美国粮食市场与全球粮食市场紧密相连，预计 2021/2022 年度用于生产燃料乙醇的玉米总量为 1.36 亿吨，用于生产生物柴油的豆油总量预计为 485 万吨，对世界粮食市场影响巨大，会进一步扰乱全球粮食供应秩序。

生物能源属于可再生绿色能源，大力发展生物能源对于实现能源替代、保障能源安全具有重要战略意义。用粮食加工转化来提高能源供应和利用效率是一些粮食生产大国比较通行的做法。除美国外，欧盟、东南亚的一些国家以及巴西也在发展生物能源，用玉米、甘蔗加工燃料乙醇，用豆油、橄榄油、菜籽油等加工生物柴油。预计 2021/2022 年度，美国、巴西等国用于加工燃料乙醇的粮食高达 3 亿吨。

与欧美等国大力发展以粮食为原料的生物能源不同，今年我国严格控制以玉米为原料的燃料乙醇加工，保障粮食供应安全。在人多地少的国情粮情下，我国一直坚持“不与人争粮、不与粮争地”的原则，防止玉米深加工产业过度发展影响饲料安全。在玉米库存高企时，通过“适度发展”以玉米为原料的燃料乙醇加工，推动玉米去库存。在玉米供需形势从供过于求转为供不应求时，严格限制玉米燃料乙醇加工产能扩张，保障粮食供应。

能源是经济社会发展的基础支撑，能源和粮食有着密不可分的关系。一方面，农业是典型的高能源密集型产业，农机具的广泛使用需要石油、天然气、煤炭等能源作为动力，石油、天然气、煤炭又是化肥的重要原料；另一方面，能源价格直接或者间接影响粮食价格。能源价格持续快速上涨，推动柴油价格、化肥价格和电力价格上涨，成为推动粮食生产成本和价格上涨的重要因素之一。同时，生物能源价格在一定程度上取决于石油价格，当石油价格过高时，发展生物能源有利可图，就会有更多的粮食流入能源领域；当石油价格过低时，生物能源就无利可图，发展生物能源的积极性就会消失。

粮食是用来吃的，还是用来“烧”的？这是个两难问题。当前，越来越多的国家陷入能源危机与粮食危机并存交织的困境，能源价格快速上涨，波及能源安全；粮食价格过快上涨，伤害的是粮食安全。美欧等国通过发展生物能源达到遏制燃料成本飙升、减少对外国能源的依赖，确保能源安全，本无可厚非。但在当前全球粮价高涨的背景下，难免会形成“人汽争粮”的尴尬局面，受到非议也在情理之中。

本轮全球粮价上涨的成因复杂，是新冠疫情、极端天气、流动性过剩、地缘政治冲突、国际资本投机炒作、能源价格上涨等各种因素综合作用的结果。不过，在全球粮食危机愈演愈烈之际，人们还是希望美国在发展生物能源时有所克制，不为全球粮食价格上涨火上浇油。

（刊发于 2022 年 5 月 5 日时评版）

“割青苗”行为须加制止

近期，在小麦即将喜获丰收之际，一些地方发生极个别农民将未成熟的小麦卖给养殖户作饲料的事件，引发广泛关注。在全球粮食危机加剧、国内粮价上涨的背景下，农民割麦毁粮、青贮小麦的行为，不合情理、不合时宜，必须严加制止。

农民割青苗现象并非今年首发，以前也发生过。有的农民把小麦青苗提供给公司制作麦穗工艺品，有的农民把青苗卖给养殖户作饲料。今年在国际粮价的带动下，国内粮价水涨船高，目前小麦价格已经突破每斤 1.6 元的历史高点。国内粮价上涨，可以让农民获得比较好的种粮收益，但化肥、农药等农资价格上涨，导致种粮成本居高不下，严重挤压种粮农民收益空间。从经济利益看，卖青苗的收益高于卖籽粒小麦的收益，极个别农户选择了卖青苗。

人们关心的是，农民卖青苗作饲料，是不是糟蹋粮食？青贮饲料是饲喂牛羊等家畜的优质饲料，有着“草罐头”的美誉。近年来我国大力推广玉米青贮饲料，用小麦青苗作饲料比较少见。实际上，小麦除了主要用作口粮外，还可以用来制作啤酒、白酒，可以替代玉米作饲料，如欧盟地区小麦是主要的饲料原料。在我国，小麦也会替代玉米作饲料，据专家估算，每年有10%左右的小麦用作饲料。

但粮食毕竟不是普通的商品，而是关系国计民生的特殊商品，关系国家经济社会稳定大局。农民是粮食生产的主体，是保障国家粮食安全的主力军，承担着保障国家粮食安全的职责和使命。今年受新冠疫情、俄乌地缘政治冲突等因素叠加影响，全球小麦供应趋紧。我国小麦连年丰收，库存较多，完全有能力保障国内小麦稳定供应，但大豆对外依赖程度较高，玉米供应偏紧，在当前复杂严峻的国际环境下，粮食进口安全面临严峻挑战。今年我国只有实现粮食稳产的目标，才能从容应对外部环境的不确定不稳定。在这样的背景下，个别农民卖青苗的行为就显得不应该了。

针对农民割青苗的问题，农业农村部高度重视，要求各地进一步全面排查毁麦开工、青贮小麦等各类情况，对违法违规行为，发现一起处理一起。从长期来看，要避免此类事件再次发生，还是要解决好农民增收和粮食安全的关系，健全农民种粮收益保障机制。加大政策供给力度，推进粮食产业高质量发展，确保农民政策保本、经营增效，让农民获得合理的种粮收益，使他们不至于为了眼前利益牺牲国家粮食安全大局。同时，地方要党政同责，承担起保障国家粮食安全的重任，要算经济账，更要算政治账，把支农惠农富农政策落到实处，坚决杜绝割青苗现象的蔓延。

需要警惕的是，国家三令五申要求坚决遏制耕地“非农化”、基本农田“非粮化”，但一些地方以开发的名义占用耕地的情况仍然时有发生。今年国家要推进以县城为重要载体的城镇化，要坚守耕地红线更是难上加难。各地一定要采取“长牙齿”的硬措施，全面压实各级地方党委和政府耕地保护责任，坚决落实最严格的耕地保护制度，守住粮食安全底线，依法科学统筹城镇化发展与耕地保护，促进城乡高质量发展。

（刊发于 2022 年 5 月 12 日时评版）

稳粮价需扛住双重成本压力

近日，因印度禁止小麦出口，引发了全球粮食价格新一轮上涨，国内市场情绪受到一定影响。从近期国家统计局发布的数据看，4月份，在我国居民消费价格指数食品烟酒分类项中，粮食价格同比上涨2.7%，仍处于合理运行区间。在全球粮价上涨叠加新冠疫情因素影响之下，国内粮食供应充足，为稳定宏观经济大盘奠定了基础。不过，国内粮价稳定仍然面临粮食生产成本与进口成本上涨的双重压力，保供稳价任务十分艰巨。

今年以来，在新冠疫情全球蔓延、俄乌冲突、极端天气叠加影响下，粮食金融化、能源化、武器化趋势明显，全球粮食供求关系紧张，粮食价格持续高位运行。粮食是食品的重要原材料，全球粮价上涨推高了各种食品的成本，导致今年全球食品价格上涨过快。目前，越来越多的国家采取限制或者禁止粮食出口管制措施，进一步推动全球粮价与全球食品消费价格指数上涨，全球粮食贸易陷入困境。

受国际粮价高位波动的影响，国内除稻谷价格一直比较稳定外，玉米、小麦、大豆价格跟涨明显。不过，与国际相比，国内粮价涨幅明显低于国际粮价涨幅，总体稳定可控。从国家统计局最新发布的数据看，今年4月份我国居民消费价格同比上涨2.1%。主要食品价格由上月的下降1.5%转为上涨1.9%，影响CPI上涨0.35个百分点。粮食价格上涨对CPI的直接影响有限，但作为食品和饲料的重要原料，粮食价格上涨对CPI间接影响较大。

粮食等重要农产品生产供应稳定，对食品价格乃至物价稳定具有“压舱石”作用。我国粮食生产连续7年稳定在1.3万亿斤以上，库存充足，稻谷、小麦两大口粮实现绝对安全。今年以来，我国克服疫情多发的不利影响，加大对农业生产支持力度，粮食生产形势持续转好，粮价稳定基础较好。值得注意的是，在国际粮价上涨的影响下，国内粮价仍然面临输入性上涨压力。

从国际看，全球粮价维持升势，我国粮食进口成本不断上涨。今年我国克服俄乌冲突、粮食贸易保护主义以及国际粮价上涨等不利因素影响，尽可能确保粮食进口稳定性。从中国海关总署最新发布的数据看，今年1—4月我国累计进口粮食5060.6万吨，同比略减0.3%，进口金额同比增加21.5%。粮食进口量较之去年同期略有下降，但粮食进口成本增势明显。从进口结构看，我国稻谷和小麦进口量较小，受国际粮价影响较小，但大豆和玉米等饲料原料进口量较大，受国际市场影响较大。

从国内来看，国内粮价面临成本推动型上涨压力。今年受人工成本、农机作业费用、农资价格上涨等不利因素影响，种粮成本居高不下，严重挤压农民种粮收益空间，影响种粮积极性。党中央、国务院高度重视粮食生产，实施最低收购价、粮食生产补贴、三大粮食作物完全成本保险和种植收入保险主产省份产粮大县全覆盖等一系列粮食生产扶持政策，确保农民种粮有收益、有钱赚。针对农资价格过快上涨的问题，中央财政下达资金对实际种粮农民发放一次性补贴，并采取农资保供稳价举措，一定程度上缓解了农资等价格上涨带来的不利影响。

未来，要不断提高粮食自给率，稳定粮食播种面积和产量，保持粮食量足价稳，把中国人的饭碗牢牢端在自己手中，切实守住国家粮食安全底线。夏粮收购在即，有关部门要持续加强市场监管，严厉打击捏造散布涨价信息、囤积居奇、哄抬价格等违法违规行为，维护国内粮食市场平稳运行。

（刊发于 2022 年 5 月 19 日时评版）

把握粮食进口主导权

今年以来，面对新冠疫情持续、俄乌冲突等多重因素影响，粮食贸易保护主义升温，全球粮食产业链供应链“堵点”“断点”增多，进一步加剧全球粮食供需失衡。近日，我国解除对加拿大油菜籽进口的禁令，与巴西签署关于玉米、大豆蛋白、花生、豆粕进口等协议文件。这一系列政策既维护了我国粮食进口安全，又维护了国际粮食市场平稳运行。但也要清醒地认识到，世界粮食贸易量有限，我国依靠国际市场调剂的市场空间有限，仍需立足自身不断提高粮食自我保障能力。

民以食为天。粮食安全是关系国计民生的头等大事，是国家安全的基础，也是国际社会长期面临的挑战。在引发当前全球性粮食危机的各类因素中，俄乌冲突带来的影响最为巨大。俄罗斯和乌克兰是世界两个重要粮仓，俄乌两国合计占全球谷物出口量的比例不低，俄乌冲突导致粮食出口和物流相继中断，全球粮食供应受到严重影响。在俄乌冲突的蝴蝶效应下，一些国家为了自保，限制粮食出口，不仅没有解决本国粮食的困境，反而进一步推高全球食品通胀，加剧部分粮食进口国面临的危机。粮农组织最新预测表明，到2023 年，俄乌冲突可能造成长期食物不足人数激增。

面对全球性的粮食危机，提高粮食自我保障能力是正途。我国一直坚持立足自身保障粮食安全，饭碗里必须主要装自己生产的粮食。经过几十年努力，我国粮食生产连年丰收，人均粮食占有量达到 483 公斤，把中国人的饭碗牢牢端在自己手中。但我国粮食安全的基础仍不稳固，粮食安全的形势依然比较严峻，大豆、油脂油料等个别品种对外依赖程度高，受国际市场影响较大。全球粮食贸易保护主义抬头给我国粮食进口带来一些不利影响，导致我国粮食进口量略有下降、进口成本增加。

面对严峻复杂的国际经济政治环境，我国持续构建多元化进口格局，掌握进口的稳定性和主动权，尽量避免形成对某一个进口来源过度依赖的局面。以前我国进口大豆主要来自巴西、美国、阿根廷，进口玉米主要来自美国和乌克兰，进口油菜籽主要来自加拿大，进口棕榈油主要来自印度尼西亚和马来西亚。今年以来，我国相继开放缅甸玉米和巴西玉米进口，允许俄罗斯全境小麦进口，解除加拿大油菜籽进口，寻找多元化的替代粮源，进一步保障粮食进口安全。

金融投机炒作是导致全球粮食价格上涨的重要因素。当前正值夏粮收获上市之际，我国加强粮食收购市场监管，严肃查处压级压价、囤积居奇、操纵价格等违法违规行为，限制金融投机，平抑粮价上涨势头，维护粮食市场秩序。近日国家发展改革委发布的《粮食流通行政执法办法（征求意见稿）》，明确要进一步提升粮食和物资储备行政管理部门依法监管能力，加大粮食收购市场监管和行政执法力度。

合则两利，斗则两伤。加强国际合作是应对当前全球性粮食危机的正确姿态。世界各国应该协调行动，加强国际合作，共同努力让乌克兰等国的农产品和化肥重回国际市场，让全球粮食生产和供应稳定畅通起来。一些发达国家在提高自身粮食产能的同时，也要减少贸易和技术壁垒，帮助发展中国家提升粮食自我保障能力，增强应对全球粮食危机的能力。

（刊发于 2022 年 5 月 26 日时评版）

对操纵粮价“零容忍”

近段时间，因小麦价格高位波动频繁，一些投机商意欲通过囤积粮食、操纵粮食价格等行为搅动粮食市场。国家粮食和物资储备局办公室近日发布《关于做好2022年粮油收购监督检查工作的通知》，要求严肃查处粮食收购垄断或者操纵价格等违法违规行为，释放出“零容忍”“强监管”的鲜明信号，这对于维护粮食市场平稳运行、保障国家粮食安全具有重要意义。

当下，国际形势严峻复杂，全球粮食资本化趋势日益明显，投机资本炒作对当前全球粮价上涨具有一定的影响。作为人口大国和粮食消费大国，我国粮食市场已成为一些投机资本追逐的热点，大量资本进入粮食市场，不停炒作粮价，放大供需缺口，扰乱市场秩序，导致粮价异常波动。今年新麦上市之前出现的跨区收割机短缺等现象背后，不排除有投机资本通过炒作推高小麦价格的因素。

伴随近两年的疫情持续、极端天气频发、俄乌冲突等“黑天鹅”事件，国际资本借机疯狂炒作粮价的话题，导致全球粮食市场持续动荡，国际粮价持续走高。其中，投机资本借俄乌冲突炒作粮食供需短缺、乌克兰小麦减产以及印度禁止小麦出口等话题，恶化市场预期，制造全球粮食市场恐慌情绪，导致全球玉米、小麦、食用油价格飙升，现在已经延伸至大米。与玉米、小麦价格大幅上涨相比，全球大米价格一直保持稳定，被认为是防止世界粮食危机恶化的主要粮食。但近期也有媒体报道，印度、越南、泰国等国有意禁止大米出口。这几个国家是全球重要的大米出口国，如果其禁止大米出口，那么可能引发全球大米价格震荡。

投机炒作粮价是国际投机资本获取暴利的重要手段。四大跨国粮商控制着全球 80% 的粮食交易，通过控制种子、化肥、粮源操纵全球粮食价格。当前全球粮食价格飞涨，一些国家买不到或者买不起粮食，一些国家因为粮食进口成本大幅增加而背上沉重的财政负担，但四大跨国粮商却通过粮价上涨收割全球财富，获取巨额暴利。

供需缺口是投机资本炒作粮价的基础。我国是小麦生产大国，近年来随着粮食综合生产能力不断提高，小麦连年丰收，库存充足，自给率达到 100%，实现了口粮绝对安全，少量进口主要是用来调剂余缺。从常规来看，国内小麦价格没有炒作的基础，但粮食品种之间具有替代性，在比价关系合理的情况下，小麦可以替代玉米作饲料。近年来我国玉米产需缺口较大，玉米价格大幅上涨，大量小麦替代玉米作饲料，今年玉米供需紧张问题得到缓解，小麦替代性减弱。今年，全球小麦价格高位波动，国内市场预期较强，小麦价格自然就成为投机资本炒作的对象。

（刊发于 2022 年 6 月 2 日时评版）

保粮食安全须重视农民利益

重视农民利益，让农民种粮有钱赚、不吃亏，是实现粮食安全的根本动力。在全国夏粮收获稳步推进之际，国务院近日印发《扎实稳住经济的一揽子政策措施》，进一步明确了健全完善粮食收益保障等政策。这些政策的落地实施，将极大地调动农民种粮积极性，确保全年稳粮增产目标实现，为扎实稳住经济奠定坚实基础，以实际行动迎接党的二十大胜利召开。

粮食安全是“国之大者”。我国粮食生产连续 7 年稳定在 1.3 万亿斤以上，库存较为充足，为保障粮食安全奠定了坚实基础。今年以来，我国粮食生产形势持续转好，夏粮丰收有望，但受新冠疫情全球蔓延和俄乌冲突的影响，国内粮食安全面临高粮价与高成本并存的严峻挑战。从粮价看，与国际粮价高位波动相比，国内粮价总体保持稳定，但小麦、玉米、大豆、食用油价格均跟涨明显。从成本看，受能源粮格上涨的影响，国内粮食生产成本快速增加，除了土地租金、劳动力价格居高不下，化肥、农药等农资价格以及农机作业费用、交通运输费用不断上涨。

高粮价与高成本如影随形，给粮食安全带来诸多不利影响。粮价一头连着生产者，一头连着消费者。受益于粮价上涨，近两年农民种粮收益明显增加，2021 年全国亩均种粮收益 824 元，为近 5 年来最高水平。种粮收益增加有利于提高农户种粮积极性，但粮食生产成本快速上涨，不断蚕食种粮收益，影响农民种粮意愿和积极性。而且，粮食生产成本上涨会进一步倒逼粮价上涨，增加下游企业生产成本，影响物价稳定，影响经济社会发展大局。

保障粮食安全与确保农民增收不是二选一的选择题，二者可以相辅相成、统筹推进。今年国家加大粮食生产补贴力度，优化种粮补贴政策，健全种粮农民补贴政策框架，能够确保农民种粮有合理收益。针对农资价格依然高企的问题，今年以来中央财政向实际种粮农民两次发放农资补贴合计 300 亿元，支持夏收和秋播生产，弥补成本上涨带来的种粮收益下降。积极做好钾肥进口工作。完善最低收购价执行预案，落实好 2022 年适当提高稻谷、小麦最低收购价水平的政策要求，根据市场形势及时启动收购，保护农民种粮积极性。

种粮农户在粮食生产经营中往往面临着自然灾害和市场波动“双重风险”。为了提高种粮农民抵御自然灾害和市场波动的能力，今年国家进一步健全粮食安全风险防范机制，在 13 个粮食主产区的所有产粮大县全面推广稻谷、小麦、玉米三大粮食作物完全成本保险和种植收入保险的基础上，又在内蒙古和黑龙江开展大豆完全成本保险和种植收入保险试点，进一步提高农业保险保障水平，防止粮食生产出现大起大落。

粮食是安天下、稳民心的战略产业。要围绕农业增产和农民增收的目标，继续加大财政支农力度，加快推进农业生产体系、经营体系和产业体系现代化，推进粮食产业高质量发展，实现粮食产业提质增效，让粮食产业成为有奔头的产业，让农民成为体面的职业。要促进农村公路、农田水利、粮食仓储设施、高标准农田、数字乡村等农业农村基础设施提档升级，补齐短板，提升粮食等重要农产品供给保障水平、提升农业质量效益和竞争力、提升粮食产业链供应链现代化水平，为实现国家粮食安全长期目标夯实基础。

粮食市场平稳运行关乎粮食安全，关乎物价稳定与经济社会发展大局。必须加强市场预期管理，采取有效措施严防投机资本炒作粮食价格。要严格落实《粮食流通管理条例》要求，做好粮食收购市场监管，严厉打击囤积居奇、操纵价格等违法违规行为，让恶意囤粮者有所忌惮。要加强境外资金监管，警惕国际投机资本借机炒作粮价。要强化粮食产购储加销协同保障，统筹做好夏粮收购和生产、加工、储备、销售等各环节工作，形成粮食市场保供稳市合力。更为重要的是，要保持粮食安全战略定力，做好夏收、夏管、夏播工作，全力夺取夏粮丰收，为全年粮食丰收打下坚实的基础，牢牢把住粮食安全主动权。

（刊发于2022年6月9日时评版）

让粮食安全更有保障

在夏粮收获稳步推进、夏粮有望再获丰收之际，我国持续加强财政支农力度，惠农政策一个接着一个。财政部、农业农村部近日发布 2022 年重点强农惠农政策，一如既往地把支持粮食生产放在农业的首位。一项项极具针对性的精准支农政策，为促进农业生产发展和农民持续增收，实现全年粮食丰收提供强有力的政策保障。用好用活用足用准这些利好政策，势必将进一步增强我国粮食自我保障能力，让粮食安全更安全。

立足国内、基本解决吃饭问题，是我国一以贯之的大政方针。党的十八大以来，我国确立了“以我为主、立足国内、确保产能、适度进口、科技支撑”的国家粮食安全战略，采取强农惠农富农政策，不断提高粮食综合生产能力，粮食总产量连续 7 年稳定在 1.3 万亿斤以上，实现了谷物基本自给、口粮绝对安全，把中国饭碗端得更牢更稳。然而，我国粮食供求结构性矛盾日益凸显，成为保障粮食安全的潜在隐患。

俄乌冲突加剧全球粮食危机，再次提醒我们提高粮食自我保障能力的重要性。我国加强与世界各国携手合作应对全球粮食危机挑战，让世界各国分享中国粮食市场大蛋糕的同时，更好地提高粮食自我保障能力。今年面对国内疫情多点散发、粮食生产成本高企等问题，我国紧盯粮食稳产增产的目标，实打实调整种植结构，优化布局，稳粮食、扩大豆、扩油料，努力补强粮食安全“短板”。从目前夏粮收获情况看，小麦产量高、品质好，有望在高起点上再获丰收。在做好夏收的同时，要接续做好夏播夏管，种足管好秋粮，努力搭好秋粮丰收的架子，为全年粮食丰收奠定基础。

耕地和种子是实现粮食稳产增产的关键。高标准农田对我国粮食增产贡献率为10%~20%，良种对我国粮食增产贡献率超过45%。国家大力支持高标准农田建设，支持种业发展，挖掘粮食增产潜力。在耕地资源有限的情况下，加速新品种、新技术的推广，为粮食增产打开更为广阔的空间，如海水稻、耐盐碱小麦等新品种的推广，把盐碱地变良田，拓展“红线”外耕地面积；又如大豆玉米带状复合种植技术的推广，把玉米大豆争地关系变为兼容发展，最大限度挖掘土地潜力，做到玉米不减产、多收一季豆，实现一地双丰收。

农民是粮食生产的主力军，亿万农户肩负着全国14亿多中国人吃饱饭、吃好饭的重任，保护农民种粮积极性就是保护国家粮食安全。我国粮食生产仍以一家一户的小农户生产为主，种粮风险大、成本高、效益低，国家通过发放一次性农资补贴、最低收购价政策、玉米大豆生产补贴、农机购置与生产补贴、农业保险等名目繁多、含金量极高的农业补贴政策，让农民种粮有收益、不亏钱；通过支持服务规模化和土地规模化经营，达到降本增效的目的。针对农村“谁来种地”“怎么种地”的难题，支持高素质农民培训和新型农业经营主体的培育，为确保国家粮食安全和重要农副产品有效供给提供人才支撑。

保障粮食安全要严格落实党政同责，主产区、主销区、产销平衡区要饭碗一起端、责任一起扛。东北三省一区粮食产量占全国粮食总产量的 1/4 以上，在保障国家粮食安全中发挥着“压舱石”的作用。国家要持续加大对东北地区粮食生产支持力度，加快国家粮食安全产业带建设，大幅提高东北地区土地产出率、资源利用率和劳动生产率，进一步筑牢国家粮食安全“压舱石”。

（刊发于 2022 年 6 月 16 日时评版）

挖掘丘陵山区粮食增产潜力

高田如楼梯，平田如棋局。白鹭忽飞来，点破秧针绿。我国丘陵山区耕地面积占全国耕地面积的1/3，生长着粮食、蔬果茶以及油茶等成百上千种农作物，但丘陵山区农业机械化水平不足50%，远低于全国农机化72%的水平。提高丘陵山区农业机械化作业水平，充分挖掘丘陵山区粮食增产潜力，对保障粮食安全意义重大。

挖掘丘陵山区增产潜力，要从国家粮食安全大局着眼。今年受世纪疫情、俄乌冲突等各种因素叠加影响，全球粮食供需严重失衡，全球粮价持续高位运行。受国际因素的影响，国内粮食价格有所上涨，但幅度明显低于国际水平。这得益于今年以来我国继续采取加大粮食生产支持力度、推动粮食进口来源多元化、持续投放政策性粮食、严厉打击资本恶意炒作粮价等一系列粮食保供稳价措施，确保全国粮价能够保持整体平稳。今年夏粮丰收已成定局，为全年粮食稳产打下了基础，为稳物价保民生、稳定经济大盘提供基本支撑。但是，我国人多地少，粮食增产难度大，保障粮食安全仍然面临较大压力。

丘陵山区机械化水平低，也是粮食增产的潜力所在。我国丘陵山区耕地条件较差，坡高路陡，上山下田难，地块细碎，巴掌田、鸡窝田、斗笠田到处可见，机械化作业面临无路可走、无机可用和无好机用的问题。现在，一些丘陵山区仍然保留着牛耕人犁、人背马驮的原始农业生产方式，粮食产量低、生产成本高，效益低下，农民种田积极性不高。随着城镇化的快速推进，农村青年劳动力大量外出，丘陵山区农业从业人口年龄普遍在 50 岁以上，农业生产后继无人，耕地撂荒存在风险。

农业机械化关系“国之大者”，应该重点关注丘陵山区农机化水平低这个短板，重点投入。短期要加强适宜丘陵山区作业的小型轻便的多功能农机具的研发制造和应用，逐步解决无机可用、无好机用的问题；长期要结合高标准农田建设因地制宜推进农田宜机化改造，把小而散、田形复杂、坡度较大的“望天田”，改造成旱能浇、涝能排、田成方、道路畅的良田，解决农机无路可走、下田作业难的问题。对农田宜机化改造，要以建设百年工程、千年工程的心态来做，急不得。

丘陵山区要发展粮食生产，还要帮助农民找到持续致富的门路。一些地方利用古老的梯田积极探索发展乡村产业，促进一二三产业融合发展，把梯田变成“致富田”，实现了粮食增产农民增收。如浙江遂昌利用古老的梯田发展休闲旅游农业，吸引城里人来体验插秧、收割水稻的乐趣，把美丽的风景、传统的农耕方式转变为经济优势。云南红河县利用已有 1300 多年历史的哈尼梯田发展稻渔综合种养，实现粮食增产农民增收。

丘陵山区要粮食，也要生态环境，要在保护生态环境的前提下发展粮食生产。那些留存至今的云南哈尼梯田、广西龙脊梯田、河北石堰梯田等，是世世代代居住在当地的农民，为了解决吃饱饭的问题，充分利用当地气候条件、自然环境依山而建的农田建设工程，是农业发展与生态环境保护相结合的典范。日前被联合国粮食及农业组织正式认定为全球重要农业文化遗产的河北涉县旱作石堰梯田系统，是北方旱作地生态循环可持续农业的样板。石堰梯田里种植核桃、花椒、小米、玉米、大豆等农作物，还有蓄积雨水的水窖，既能浇灌庄稼，又防范水土流失。

丘陵山区生态环境优美，是农民辛苦劳作的农田，是游人眼中美丽的风景。发展粮食生产要立足乡村振兴，把丘陵山区建设成宜居宜业宜游的美丽乡村，建设成能望得见山、看得见水、记得住乡愁的家园。

（刊发于 2022 年 6 月 23 日时评版）

粮食要种好还应管好

随着夏粮丰收在手、夏粮收购的有序开展，在一系列支持粮食生产的政策带动下，农民种粮信心进一步受到鼓舞，种粮积极性得以充分调动。种粮大户带动广大中小农户多种种粮种好粮，一起为国家粮食安全贡献力量。然而，眼下农民要做的，不仅要多种粮、种好粮，还要管好粮，减少干燥储存环节损失，实现种粮收益最大化。

今年夏粮丰收来之不易，尽管农资价格上涨抬高了种粮生产成本，但在全球小麦价格高位波动、国内小麦价格保持较高价位的情况下，农民种粮收益普遍比往年强。一些农户看涨预期强烈，并不着急卖粮，把粮食储存起来，想根据市场行情选择卖粮时机。

干燥储存是农民能否实现增收的“最后一公里”。农户储存粮食面临产后损失增加的风险。夏粮获得丰收，农民在高兴之余，不得不为“晒粮难”“储粮难”等问题发愁。现在农村普遍缺乏晒粮场地，储粮条件差，农户储存环节损失惊人。据有关部门的抽样调查测算，由于储粮条件差，全国每年仅农户储存环节损失率高达 8%。如果不能很好地解决农户储粮环节损失，那么农民为粮食增产所做的努力就白白浪费掉了。减损等于增产。近年来，我国高度重视节粮减损，多措并举加强农户储存环节科学管理，尽可能减少损失。

刚收获的小麦比较潮湿，需要晾晒、烘干，才能进行储存，否则容易发霉变质。现在，农村普遍缺乏晒谷场，一些农户为了省工省时，在田间地头就把小麦卖掉了。一些农户无奈选择公路晒粮，容易受到天气变化的影响，还会影响交通秩序，而且粮食经过车碾人踩，难免影响品质，卖不上好价钱。各地应充分利用村里的活动中心、文化广场等公共场地优先用于小麦晾晒，以解农民燃眉之急。

与传统人工晾晒相比，机械化烘干可以摆脱天气和晾晒场地的影响，随时烘干，脱水速度快而均匀，粮食品质好，损失小。近年来，我国不断改善粮食烘干条件，将烘干机纳入农机购置与应用补贴范围，推进环保烘干设施应用，加大绿色热源烘干设备推广力度；鼓励支持新型农业经营主体、粮食企业、粮食产后服务中心等为农户提供粮食烘干服务，助农减损效果明显。

一次性干燥并不能一劳永逸解决农户储粮安全问题。农村储粮方式落后，一些农户往往把干燥后的粮食直接装入麻袋、编织袋、竹围囤中，或者随意堆放在简易仓库中，很容易发霉变质，被虫咬鼠吃。有关部门通过实施农户科学储粮专项工程，为农户建设经济、适用、防虫、防霉的标准化储粮新装具，加强农户科学储粮技术培训和服务。据测算，如果农户正确使用科学储粮装具，能将损失降至2%以下。

针对农户长期面临的“晒粮难”“储粮难”等难题，有关部门强化粮食产后服务体系建设，在全国产粮大县建设了5500多个粮食产后服务中心，为农户提供代清理、代烘干、代储存、代销售、代加工等专业化服务，一站式解决种粮农户丰收后的烦恼。但粮食产后服务中心建设成本高，投资回报率低，企业不敢投、不愿意投，普通农户又用不起，推广难度大。国家还须加大支持力度，在用地、用电等方面给予政策优惠，加大粮食烘干机购置与应用补贴力度，调动企业投资积极性，降低产后服务成本，真正确保颗粒归仓，更好地保障粮食安全。

（刊发于 2022 年 6 月 30 日时评版）

农民是保障粮食安全的主力军

面对复杂多变的国际环境，多产粮已经成为全社会的共识。农民是保障粮食安全的主力军，我国2.3亿农户承担着全国14亿多人吃饱饭、吃好饭的重任。农民要多种粮、种好粮，以良田为基础，用好新品种、新技术、新农机，才能把中国人的饭碗端得更牢更稳，才能确保中国人吃得越来越好。

手中有粮，心里不慌。农民要多种粮，中国人的饭碗里才能多装中国粮。近两年，随着国际国内粮价的大幅上涨，加之农业补贴高，种粮收益较高，农民种粮积极性被充分调动起来，千方百计扩大耕地面积，出现了农民争地种粮的现象。除了现有耕地外，一些地方农民充分利用撂荒地、盐碱地、丘陵山区坡地、废弃的宅基地，种植适宜的粮食作物，持续挖掘粮食增产潜力，把“十年九不收”的盐碱地变为丰产田，把“望天田”变为高产田，甚至把屋前屋后的“方寸田”变为增产田。

农民要多种粮、种好粮，关键要选良种。俗话说，种地不选种，累死落个空。种子是农业的芯片，选种直接关系种粮收益，种子不同，产品品质、产量差距大，价格也泾渭分明。近年来，我国育种水平不断提升，水稻、小麦、玉米、大豆等粮食高产典型不断涌现，良种对粮食增产的贡献率超过45%，为我国粮食连年丰收提供了重要支撑。

种地选良种，良种还需良技良机配套。从良技看，近年来我国广泛推广测土配方施肥技术、大豆玉米轮作套种技术、密植栽培技术等高产栽培技术，有效促进粮食增产。例如，大豆玉米轮作技术可以有效解决重茬种植造成的减产问题。这是因为，大豆在生长过程中产生的根瘤菌能增加土壤有机质，大豆茬种玉米比多年连作玉米平均增产 7%~11%。从良机看，我国水稻、小麦、玉米三大主粮耕种收综合机械化率均超过 80%，基本实现了“机器换人”，良田良种良技良机配套，粮食增产效果明显。

如今，我国正处于传统农业向现代农业转型中，一家一户小农生产仍居主导地位，耕地细碎化严重，不仅增加生产成本，而且影响粮食增产。各地在推进土地规模化经营的同时，加快发展农业社会化服务，通过服务规模化将现代农业生产要素导入小农生产，引领小农户进入现代农业发展轨道，进一步提升粮食生产专业化、标准化、集约化经营水平。

农民要多种粮、种好粮，还要确保卖得好。为摆脱农民增产不增收的“丰收困境”，一些主产区在抓粮食稳产增产的同时，从“农头工尾”“粮头食尾”破题，推进粮食产业高质量发展，通过构建产业链供应链，增强粮食就地转化能力，推动农民从多种粮、种好粮向“种得好、产得好、卖得好”转型，从卖“原字号”向卖产品、卖品牌转型。一些地方通过建立“龙头企业 + 合作社 + 农户”利益联结机制，让农民更多分享粮食全产业链增值收益。

总的来看，种地不仅是体力劳动，更是一种十分烧脑的技术活。如土地耕耘不当、选种不当、田间管理不当、农时选择不准或者对粮食市场把握不准，都可能影响粮食产量，影响粮食收益。以前那些凭经验种地的庄稼“老把式”，也需要持续“充电”，活到老学到老，才能算得上一个合格的农民。各地要围绕稳粮保供的目标开展高素质农民培训，为确保粮食和重要农副产品有效供给提供人才支撑。

（刊发于 2022 年 7 月 7 日时评版）

谨防水稻金融化危及粮食安全

今年受俄乌冲突、欧美等国货币政策调整等因素叠加影响，国际玉米、小麦、食用油等大宗农产品价格跌宕起伏。与之形成鲜明对比的，是国际大米价格涨幅较低。究其原因，除了俄乌冲突对国际大米市场影响不大这个因素外，主要是亚洲国家水稻自给率普遍较高，水稻金融化程度不高，国际金融资本炒作空间有限。

历史经验证明，粮食金融化严重威胁粮食安全。新冠疫情爆发以来，在全球粮食供需没有明显缺口的情况下，粮食金融化是引发本轮全球粮食价格剧烈波动的重要原因。欧美日英等发达经济体为了刺激经济发展，长时间推出大规模量化宽松货币政策，在国际金融资本的推波助澜下，小麦、玉米、食用油等大宗农产品价格持续走高。近期欧美等国为了抑制通货膨胀，纷纷调整货币政策，从"大水漫灌式"宽松货币政策快速转向紧缩货币政策，粮食等大宗商品价格随之明显回落。让人忧心的是，本轮全球粮价高位波动抬升了粮食进口成本，一些粮食高度依赖进口的低收入国家，爆发粮食危机、经济危机甚至政治危机。

与欧美等国以小麦消费为主不同，亚洲绝大部分国家以大米消费为主，亚洲国家水稻自给率普遍较高，受金融资本冲击较小。印度、泰国、越南、巴基斯坦是世界大米生产国和出口国，日本、韩国、菲律宾等国虽然粮食对外依赖程度较高，但水稻自给率保持较高水平，应对全球粮食危机的能力较强。美国是世界小麦、玉米、大豆生产大国和出口大国，也是世界重要的水稻生产国，是世界五大大米出口国之一，但美国水稻产量有限，对全球水稻市场影响不大。

作为亚洲大国，我国是世界最大的水稻生产国和消费国，水稻育种水平全球领先，稻谷常年产大于需，自给率超过 100%，库存充裕。俄乌冲突以来，我国小麦、玉米、食用油价格暴涨，但稻谷价格保持稳定，成为全国粮食市场稳定的“定盘星”，也为亚洲乃至世界水稻市场稳定作出贡献。或许正因如此，今年美国一些专家指责我国大规模种植水稻排放甲烷，是导致全球气候变暖的重要原因。实际上，水稻在种植过程中自然排放的甲烷气体，远远低于畜禽养殖排放的甲烷，更远远低于化石燃料燃烧对全球气候变暖造成的影响。美国拿我国水稻做文章，背后隐藏着把水稻金融化的企图，妄图通过施压减少我国水稻种植面积，从根本上动摇我国粮食安全根基。

一直以来，美国企图用全球气候变暖道德绑架控制我国水稻生产。去年发布的《中美关于在 21 世纪 20 年代强化气候行动的格拉斯哥联合宣言》已经将农业甲烷排放问题正式纳入，明确中美双方要通过激励措施和项目减少农业甲烷排放。碳排放和碳交易为金融资本控制经济提供了操作空间。当甲烷被纳入国际资本运作的时候，水稻能否摆脱国际金融资本的操控？对此，我国必须给予高度关注，认真研究，明白其中利害得失，谨防水稻高度金融化。

减少水稻种植，不符合我国人多地少的国情粮情。面对欧美等国的无理诘难，我国一定要保持粮食安全战略定力，坚守“口粮绝对安全”的战略底线，确保水稻播种面积稳中有增，确保“米袋子”绝对安全。作为负责任的大国，我国也要严格履行国际承诺，推动水稻生产绿色化、低碳化发展，要通过科技创新破解水稻丰产与减排难以兼顾的技术难题，探索水稻高产低碳新路径，为保障粮食安全和农业减排固碳提供重要科技支撑，为全球应对气候变化贡献中国智慧。

（刊发于 2022 年 7 月 14 日时评版）

谁是全球粮食危机罪魁祸首

眼下，借粮食议题，某些美国政客抡起恶意诋毁中国的大棒。就在中国刚刚为斯里兰卡持续提供粮食援助之际，有美国官员近日无端指责，称中国在东非数百万人面临饥饿之际囤积化肥和粮食，加剧了全球粮食危机。这种甩锅行为用心险恶，包藏祸心。

受地缘政治冲突、世界主要经济体流动性增加等因素影响，今年以来全球粮食价格持续高位波动，一些高度依赖进口的低收入国家陷入粮食危机困境。有些发达国家不断编造“中国囤粮”“中国农业自给自足威胁美国安全”“中国种植水稻释放大量甲烷气体造成全球气候变暖”等谎言，让中国为全球粮价上涨、全球粮食危机、全球气候变暖背锅，以实现打压中国的战略目标。

粮食价格本质上是由粮食供需关系决定的，但随着粮食日趋金融化、能源化，粮食成为泛货币化的符号，成为能源的替代品，一些发达国家调整货币、能源政策，都会对全球粮食价格涨跌产生连带影响。比如，美国是全球小麦、玉米、大豆等大宗农产品生产大国和出口大国，芝加哥期货交易所是全球大宗粮食贸易的定价中心，美国通过推动粮食金融化、能源化操控全球粮食价格，可制约其他粮食进口国，收割全球财富。

从粮食金融化看，疫情发生以来，有些发达国家实施量化宽松货币政策，造成全球流动性过剩，粮食金融属性表现得尤为突出：国际金融资本借助极端天气、俄乌冲突等话题不断炒作哄抬粮价，推动全球粮食价格飙涨，在一些国家演化为粮食危机，最终可能酿成不堪收拾的恶果。现在美欧等主要经济体通胀居高不下，最近几个月居民消费价格指数（CPI）涨幅达到8%以上，创出新高。

从粮食能源化看，在全球还有很多国家面临粮食短缺问题时，有的发达国家并未采取措施限制粮食能源化。比如，近两年美欧等国启动生物能源项目，推动粮食大规模能源化，用玉米加工燃料乙醇，每年因此消耗的粮食高达3亿吨。这对全球粮食供需产生实质性损害。

我国不仅没有采取“大水漫灌”的强刺激政策，而且严格控制以玉米为原料的燃料乙醇加工。

与国际粮价“过山车”式的剧烈波动相比，我国粮食市场运行平稳，粮食价格波动幅度远低于国际市场。这主要是，面对复杂严峻的国际环境，我国千方百计发展粮食生产，提高粮食自我保障能力。在去年粮食实现“十八连丰”的基础上，今年夏粮增产1%以上，小麦产量好于往年，早稻丰收在即，秋粮播种面积稳中有增，把中国饭碗牢牢端在中国人自己手中，为粮价稳定、物价稳定奠定了坚实基础。从国家统计局数据看，今年上半年我国居民消费价格指数CPI平均上涨1.7%，低于全年3%左右的预期目标。

我国进口粮食主要是为弥补国内需求缺口，解决国内结构性短缺问题，并非囤积粮食。从我国海关总署最新发布的数据看，今年上半年我国粮食进口量较2021年同期减少5.4%；从进口结构看，除了大米、高粱进口量大幅增加外，小麦、玉米、大麦、大豆均不同程度下降。在确保自身粮食安全的前提下，我国也适当对外出口粮食，并为其他缺粮国家提供粮食援助，不遗余力地为全球粮食安全作出贡献。

（刊发于 2022 年 7 月 21 日时评版）

减少粮食损失浪费等于增产

粮食安全在田地里，在粮库里，也在餐桌上。在夏粮再获丰收之际，国家发展改革委日前召开粮食节约和反食品浪费专项工作机制会议，提出要进一步完善餐饮行业反食品浪费的政策措施，遏制餐饮行业食品浪费要有切实管用的实招，推动粮食节约和反食品浪费工作取得新成效。节约粮食贵在坚持，在当前节约粮食取得成效的基础上，仍须常抓不懈，坚决防止把节约粮食行动当成一阵形式主义的风刮过。

俗话说：节约好比燕衔泥，浪费好比河决堤。受疫情、极端天气和俄乌冲突等各种因素叠加影响，全球粮食价格持续高位波动，我国面临的粮食安全挑战日益严峻。当前，我国粮食安全总体形势较好，粮食连年丰产丰收，库存充裕，2021 年我国人均粮食占有量达到 483 公斤。然而，粮食生产、收购、储存、加工、消费各个环节的损失浪费仍然惊人。据测算，每年我国粮食产后仅储藏、运输、加工等环节损失总量达到 700 亿斤以上，餐桌浪费食物价值高达 2000 亿元。对此，必须居安思危，始终绷紧粮食安全之弦，要坚持粮食增产与减损并重的原则，这样才能端牢端稳中国饭碗。

取之有制、用之有节则裕，取之无制、用之不节则乏。节约粮食是我国增加粮食有效供给、提高粮食安全保障水平的重要举措。

今年我国夏粮在历史高点上增产 1%，是中央、地方乃至亿万农户付出 100% 甚至更大的努力才取得的成绩。这也说明我国粮食增产的难度越来越大。减少粮食损失浪费等同于粮食增产。以今年夏粮总产量 14739 万吨计算，如果粮食损失降低 1 个百分点，一年可节约粮食 143.4 万吨，相当于夏粮增产 2%。在耕地水资源的刚性约束下，减少粮食损失浪费实际上就是节约使用耕地和淡水资源，是开发“无形良田”。

我国始终高度重视减少粮食损失浪费问题，采取综合措施减少田里的损失、流通环节的损失，杜绝餐桌上的浪费。在生产环节，通过精准化作业，逐步解决播种粗放、用种量偏高等问题；提高防灾减灾能力建设，减少生物灾害和自然灾害引发的粮食损失问题。在收获环节，不断提高精细化收割水平，最大程度确保粮食颗粒归仓。如今年夏收期间，小麦机收损失控制在 2% 以内。在储运环节，通过高标准粮库和现代粮食物流设施建设，减少储存和运输环节损失。在加工环节，一方面从以前过度加工向适度加工转变，另一方面延长产业链和提升价值链，尽量把粮食吃干榨尽，提高粮食资源利用率和附加值。在消费环节，“光盘行动”深入人心，机关、学校食堂餐厨垃圾大幅减少，餐厨废弃物资源化利用提升。

“勤俭是我们的传家宝，什么时候都不能丢掉”。减少粮食损失浪费，涉及每个人、每个家庭、每个单位，要构建政府主导、企业实施、全民参与的长效机制，加大宣传力度，让全社会持续关注节粮减损，坚决杜绝餐桌上的浪费，不断筑牢粮食安全“压舱石”。

法律是治国之重器，良法是善治之前提。进一步健全粮食安全法律法规及相关规范，严格落实《中华人民共和国反食品浪费法》《粮食节约行动方案》，依法遏制食品浪费势头，减少粮食全产业链各环节损失浪费，用法制化手段规范约束人们节约粮食、敬畏食物，在全社会逐渐形成节约光荣、浪费可耻的良好社会氛围，才能达到标本兼治的目的。

（刊发于 2022 年 7 月 28 日时评版）

国产大豆定价权谁说了算

大豆定价权关系国内大豆产业的健康发展。近日中国证监会批准大连商品交易所开展黄大豆 1 号、黄大豆 2 号和豆油期权合约交易，并将于 8 月 8 日正式上市交易。面对当前异常严峻复杂的国际市场形势，黄大豆 1 号、黄大豆 2 号和豆油期权上市，能够与期货形成合力，进一步提升国内大豆相关企业风险管理水平，进一步提高国内大豆期货市场在国际市场中的定价权和话语权，对国产大豆独立定价体系的形成也具有重要意义。

大豆定价权是买家说了算，还是卖家说了算？大豆定价权之争背后实质上是国家之间经济、金融的较量。中国是全球大豆最大买家，巴西是全球大豆最大生产国，但都没有大豆定价权。美国是世界第二大大豆生产国和出口国，牢牢掌握着全球大豆定价权，美国芝加哥商品交易所是全球大豆价格形成中心。四大粮商美国 ADM、邦吉、嘉吉和法国路易达孚垄断全球 80% 以上的粮食贸易，并通过操纵大豆价格收割全球财富。与国际大型粮商相比，我国大豆企业规模不大，在谈判时没有太多的话语权。今年上半年，我国大豆进口量下降 5.4%，但进口金额同比上涨了 17.3%。

国内大豆企业要避免受制于人，还得掌握定价权。近年来国内大豆加工产业一直在积极利用期货等金融市场工具，努力获得一定的国际话语权。我国大豆期货市场发展比较晚，1993 年大连商品交易所上市大豆期货，国产非转基因大豆和进口转基因大豆都可以交割，国产大豆价格跟随美国芝加哥期货市场价格。2001 年，我国加入世界贸易组织，完全开放大豆市场，廉价进口大豆纷涌而入。2002 年，大连商品交易所把大豆期货拆分成黄大豆 1 号非转基因食用大豆和黄大豆 2 号转基因油用大豆上市，向全球市场提供我国优质高蛋白大豆的价格信号。国内大豆期货价格开始逐步摆脱美国芝加哥价格的影响，国内外大豆价格的关联性逐渐减弱。

国产大豆的定价权回归，与相关企业坚持不懈的努力密不可分。2003—2004 年大豆危机中，国内大豆加工企业因为高价采购美国大豆又没有在期货市场对冲风险，导致近千家大豆压榨企业破产倒闭或被外资收购，外资企业乘机垄断国内油脂加工行业，并垄断大豆进口贸易和定价权。国内大豆企业在丧失油脂油料市场后，转战食品领域，并在植物蛋白市场闯出一片新天地。一些国内大豆蛋白加工企业，生产的产品除了满足国内市场需求外，还远销 60 多个国家和地区，为“中国大豆”国际品牌初步建立做出积极努力，彻底改变了国产大豆无定价权、必须依靠进口大豆定价的被动局面。

现在国产大豆能够走出完全独立的市场行情，也与相关管理部门的努力分不开。目前，我国已初步形成以国产大豆为主的食用大豆市场和以进口大豆为主的饲用大豆市场。我国海关部门加强进口转基因大豆流向和加工过程监管，市场监管部门加大大豆市场监督管理力度，堵住进口转基因大豆进入国内食用市场通道，进一步强化国产大豆的优势，与进口大豆价差逐渐拉开。

作为世界非转基因大豆生产国和消费国，我国应逐步建立国际市场非转基因大豆定价权。今年我国提出大豆扩种目标，增加国产大豆供给，一定程度上能够提高我国在国际大豆贸易中的议价能力。应打造国产大豆品牌，加大国产大豆宣传力度，提高国产大豆国际竞争力。还应不断拓展大豆进口来源，以“一带一路”建设为契机，扩大俄罗斯、乌克兰、哈萨克斯坦和非洲等地区的非转基因大豆进口来源，推动建立国际非转基因大豆市场体系。

（刊发于 2022 年 8 月 4 日时评版）

重启黑海“粮食走廊”意义何在

当地时间 8 月 1 日，一艘满载乌克兰粮食的货船驶离黑海敖德萨港口，驶向黎巴嫩的黎波里港。这意味着自俄乌冲突以来中断了 5 个多月的黑海“粮食走廊”重新启动，被封锁在黑海港口的 2000 多万吨粮食陆陆续续走向国际市场。这在一定程度上会增加全球粮食有效供给，改善全球粮食供应紧张问题，缓解全球粮食危机。

黑海“粮食走廊”是俄罗斯和乌克兰两国粮食出口的主要动脉。俄罗斯和乌克兰是世界粮食大国和出口大国，两国粮食出口量占全球粮食出口量的 30% 以上，对保障全球粮食安全至关重要。俄乌冲突导致黑海粮食出口通道几乎中断，乌克兰的粮食大量滞留港口，俄罗斯的粮食和化肥出口阻滞，在全球粮食供需总体宽松的基本面并未发生实质性变化的情况下，全球粮食产业链供应链遭受严重冲击，导致全球粮食供需失衡，加剧全球粮食危机。7 月份，土耳其、俄罗斯、乌克兰和联合国四方签署粮食安全运输协议，允许乌克兰粮食经过黑海港口出口，确保俄罗斯粮食和化肥正常出口，免受西方制裁。该协议的有效期只有 120 天，黑海“粮食走廊”运输仍然受到诸多不确定因素制约，能否恢复至俄乌冲突之前的水平，还需要相关各方持续共同努力。

俄乌冲突只是加剧全球粮食危机的又一个“黑天鹅”事件。当前全球粮食危机是世纪疫情、极端天气、全球流动性过剩、俄乌冲突各种因素综合作用的结果。如今，全球粮食供需形势正向好的方向发展。除了黑海港口粮食出口解除封锁外，中国、俄罗斯小麦供应增加，巴西、阿根廷玉米季节性供应增加，印度尼西亚取消棕榈油产品出口税至 8 月 31 日，以及缅甸增加大米和碎米出口，均对缓解全球粮食供需紧张，缓和全球粮食供给短缺担忧情绪起到积极作用。

随着粮食供需环境的逐渐改善，再加上欧美等发达经济体实行货币紧缩政策，流动性收紧，投机资本快速退场。在各种因素叠加作用下，全球粮价冲高回落。根据联合国粮农组织最新公布的数据，联合国粮农组织食品价格指数自 3 月创下历史高点以来连续 4 个月下降。目前全球粮价已低于俄乌冲突升级前的水平，但仍高于疫情前的水平。从目前的国际局势和粮食供需形势看，影响全球粮食产业链供应链稳定性的因素仍然存在，任何一个突发事件都有可能引发全球粮食价格大幅波动。例如，今年欧美等国遭受高温、干旱等极端天气，仍有可能导致全球粮食减产。

与国际粮价暴涨暴跌相比，我国粮价始终保持平稳运行态势。这是因为，面对全球粮价的变化，我国始终保持粮食安全战略定力，高度重视粮食生产。今年我国夏粮高位增产，秋粮丰收在望，粮食库存较为充足，确保了谷物基本自给、口粮绝对安全，36 个大中城市主城区及市场易波动地区的成品粮油储备达到 15 天及以上，牢牢守住粮食安全底线，能够有效应对各种“黑天鹅”和“灰犀牛”事件。并且，我国始终对炒作粮价等违法违规行为采取“零容忍”态度，确保国内粮食市场保持平稳运行的良好态势。

值得注意的是，目前我国粮食市场出现两个积极变化。一是随着国际粮价的持续下跌，我国进口粮食成本下降。从中国海关总署最新发布的数据看，今年1—7月我国粮食进口量同比减少7.1%，进口金额同比增加15.9%，进口金额增幅较前几个月明显下降。二是随着国际能源价格下降以及国内保供稳价政策的实施，我国化肥价格整体呈现下滑趋势，国内粮价面临的成本推动型上涨压力得以缓解。这两个因素将会对国内粮价走势产生什么影响，还需继续观察。

（刊发于2022年8月11日时评版）

谨防高温干旱影响粮食丰收

俗话说，春旱不算旱，秋旱减一半。当前我国大部地区秋收作物处于产量形成的关键期。但全国 20 多个省份高温干旱已持续一月有余，一些地方温度高达 40℃以上，特别是南方水稻主产区秋旱严重，一些水库山塘蓄水位持续走低、蓄水严重偏少，部分地块严重干旱甚至龟裂，灌区末端、丘陵岗地和“望天田”已经出现部分禾苗枯萎情况，水稻生产形势严峻。必须千方百计预防和避免高温热害，否则，可能会严重影响产量。眼下，各地要强化监测预警，及时采取抗击秋旱的措施，努力减少灾害影响和损失，为确保全年粮食丰收赢得主动。

秋粮作物是全年粮食生产的大头，占全年粮食产量的 3/4，是粮食安全的重中之重。今年我国加大农业政策供给力度，夏粮实现高位增产，各地的早稻陆续完成收获。秋粮面积较上年增加，目前在田作物长势总体较好，但一场席卷全国的持续高温干旱天气还是给秋粮生产带来严峻挑战。在秋粮作物中，南方中晚稻受高温干旱影响较大。水稻是我国最大的口粮作物，南方主产区在水稻生产中占有重要地位，播种面积和产量都占全国的近 80%。现在距秋粮收获还有 50 天左右，气象灾害、病虫害等不确定性仍然较大。各地要始终紧绷防灾减灾这根弦，抓紧抓细防灾减灾工作。

农业是“靠天吃饭”的产业，特别是粮食生产受天气影响很大。我国自然灾害频发，粮食生产过程实际上就是与自然灾害做斗争的过程。近年来我国深入实施藏粮于地、藏粮于技战略，加快高标准农田建设和农田水利设施建设；实行种业振兴行动，提升粮食育种水平，研发耐旱耐高温的高产粮食品种，持续提升粮食综合生产能力，不断提高农民抗灾减灾能力不断提高，逐渐改变“靠天吃饭”的局面，粮食生产实现“十八连丰”，打破了“两丰一平一歉”的传统周期循环。

从目前来看，我国粮食供应充足，36 个大中城市主城区及市场易波动地区的地方成品粮油储备达到 15 天及以上，防范市场风险能力明显增强。稻谷连年丰收，持续多年产大于需，库存充裕，供应充足，稻米市场持续疲软。今年早籼稻已大量上市，国家每周常规投放稻谷，地方各级储备稻谷进一步加快轮出进度，市场供应压力加大，成交价持续下降。但南方地区持续高温干旱，水稻减产预期增强，部分地区稻谷价格有上涨迹象。

有句话说得好：遇到伏旱，赶紧浇灌；光靠老天，收成减半。减损就是增产。各地正在全力以赴战高温、抗干旱，组织群众开展生产自救，采取清淤、抽水、打井及寻找水源等方式，最大限度扩大灌溉面积，努力做到重灾区少减产、轻灾区能稳产、无灾区多增产。加强节约用水管理，强化水资源的统一管理和调度，杜绝浪费水资源，提高水资源的利用率。同时，抓住有利天气适时组织开展人工增雨作业，有效缓解了部分乡镇的旱情。而且，干旱易生虫。各地要盯紧草地贪夜蛾、水稻“两迁”害虫、稻瘟病、大豆“症青”等，实现“虫口夺粮”保丰收。

从长期来看，要不断提升粮食生产防灾减灾能力。深入落实

“藏粮于地、藏粮于技”，持续推进高标准农田建设，提升土地和水资源利用水平，持续提升粮食育种研发水平，不断研发耐高温耐干旱新品种。强化农业生产气象保障服务，运用卫星遥感技术提升灾害天气预警、病虫害预警，提升防灾减灾气象服务水平，提高田间管理水平，真正实现从“看天吃饭”到“知天而作”的转变，进一步提升粮食安全保障水平。

（刊发于 2022 年 8 月 18 日时评版）

扎牢粮食质量安全篱笆

民以食为天，食以安为先，安以质为本。粮食质量安全事关人民群众的一日三餐，事关人民群众的身体健康和生命安全，对质量安全问题必须保持“零容忍”。2022年食品安全宣传周·粮食质量安全宣传日活动目前正在全国各地展开。在全社会营造重视粮食质量安全浓厚氛围的同时，更应该强化粮食质量安全体制机制建设，扎紧粮食质量安全制度“篱笆”，守住“舌尖上的安全”。

随着生活水平的提升，消费需求已经从“吃得饱”转向“吃得好”“吃得放心”，人民群众对粮食质量安全问题越来越关注。近年来，我国一直坚持粮食数量质量并重，在保障数量供给安全的同时，更加重视粮食质量安全。一方面，千方百计提升粮食综合生产能力，粮食产量连续多年稳定在1.3万亿斤以上，库存充足；另一方面，深入实施优质粮食工程，形成“种粮农民种好粮、收储企业收好粮、加工企业产好粮、人民群众吃好粮”的粮食流通新体系，直接带动增加优质粮食逾5000万吨，粮食质量安全水平明显提升。

然而，粮食产业链条长，从田间地头到餐桌的全产业链条的众多环节，仍然存在粮食质量安全隐患。在生产环节，存在重金属污染、真菌毒素污染、农药污染等隐患；在储运环节，存在虫咬鼠吃、发霉变质等隐患；在加工环节，存在不良企业违法违规使用防腐剂、氧化剂、增白剂等食品添加剂的风险；在销售环节，存在掺假使假、以次充好，有毒大米、染色大米流入市场的风险。因此，要始终绷紧粮食质量安全这根弦，须臾不可放松。

好粮是种出来的，也是管出来的。筑牢粮食质量安全“防火墙”至关重要。

先进的标准体系是确保粮食质量安全的第一道“防火墙”。近年来，我国不断加强对粮食标准质量的建设工作，国家标准、行业标准、地方标准和团体标准、企业标准建设成效明显。截至目前，国家粮食和物资储备局归口管理的国家标准和行业标准达到 661 项，粮食全产业链标准体系已基本建立。党的十八大以来，牵头完成 3 项国际标准制定任务，组织制定了 31 项国际标准；109 项企业标准被评为“领跑者”，10 家社会团体和 24 项团体标准被列为培优对象，59 家储备企业开展绿色储粮标准化试点。目前我国粮油产品质量安全检验方法标准与国际标准已基本一致，为保障国家粮食质量安全提供了重要技术支撑。未来要不断完善粮食质量安全标准体系，加大重点标准和传统特色粮油产品标准的研究制定力度，持续提升标准供给水平。

针对基层粮食质量安全检验监测能力较弱、检验设备陈旧落后等问题，不断强化粮食质量安全检验监测能力建设，对粮食全产业链各个环节实施严格监管，严把粮食质量安全关，严防不合格粮食产品流入口粮市场。经过多年持续不懈努力，我国已初步建立了国家、省、市、县四级联动粮食质量安全检验监测体系，基本实现“机构成网络、监测全覆盖、监管无盲区”，各级质检机构整体水平大幅提升，为更好地保障国家粮食质量安全提供强有力支撑。

法者，治之端也。要用良法促进善治，对粮食质量安全问题实施最严厉处罚、最严肃问责、最严格监管和最严谨标准。近年来，我国加快粮食质量安全立法修规进程，无论是刚刚公布的新修订农产品质量安全法，还是去年公布的新修订食品安全法，都为粮食质量安全提供了重要法治保障。今后，还应该加快推动粮食安全保障法出台，修订《粮食质量安全监管办法》等规章，建立完善第三方粮食质量安全检验监测制度，形成配套完善的粮食质量法规制度体系，不断提高粮食质量安全治理效能。

（刊发于 2022 年 9 月 8 日时评版）

摒弃粮食贸易保护主义

今年全球粮食市场的突发事件一个接着一个。印度继5月份禁止小麦出口之后，近日又宣布禁止碎米出口，并对未碾米、去壳糙米、半精米和全精米等部分大米出口征收20%关税，9月9日起生效。在黑海“粮食走廊”重启、全球粮食危机稍有缓和之际，印度此举再次搅动全球粮市，有可能引发新一轮全球粮价上涨，进一步加剧全球粮食危机。

印度大米出口在全球大米市场供应中有着举足轻重的地位。印度是世界第二大水稻生产国、世界第一大大米出口国，为全球150多个国家供应大米，大米出口量占全球大米贸易量的40%，超过了泰国、越南、巴基斯坦和美国等4个国家大米出口总和，2021年印度大米出口量达到创纪录的2150万吨。今年受极端干旱天气影响，印度水稻播种面积大幅下降，水稻减产预期强烈，国内大米价格大幅上涨，通货膨胀加剧。印度限制大米出口，有利于确保国内供应、平抑大米价格，但会进一步加剧全球粮食供需失衡，助推大米价格上涨，增加大米进口国的进口成本，使得一些严重依赖印度大米进口的国家可能面临额外通胀压力。

从供需看，近年来全球大米供需延续宽松格局。今年受极端高温干旱和洪涝灾害影响，水稻生产面临严峻挑战。除印度外，我国南方水稻主产区受到持续高温干旱影响，虽然早稻实现小幅增产，但中晚稻面临减产风险。美国加利福尼亚州的水稻因极端干旱天气播种面积大幅下降，收成预计减半，大米出口量下降。巴基斯坦受极端洪涝灾害影响，水稻生产遭受重挫。有机构预计，今年全球水稻生产会小幅减产。印度限制大米出口，不会从根本上改变全球粮食供需宽松格局，但在全球供需错配、生产成本暴涨、通货膨胀加剧等各种因素叠加的背景下，会进一步加剧全球粮食供需失衡。

我国是印度碎米最大买家，印度大米出口禁令对我国大米市场影响可控。我国水稻连续多年产大于需，库存充足，自给率超过100%，完全能够满足市场需要，进口大米主要用于调剂需求。2021年，我国大米进口量达496万吨，仅占当年产量的3%左右。而且，我国大米进口主要来自印度、越南、巴基斯坦、缅甸、泰国等国，进口来源地分散，抗风险能力强。今年，受俄乌冲突以及全球小麦、玉米价格高位波动影响，我国玉米、小麦进口下降，大米价格低，进口替代需求增加，其中碎米进口增加较多，主要用于制作饲料和酒精。印度限制大米出口，对我国一些饲料企业和工业企业有一定影响，但对口粮影响极其有限。

与全球玉米、小麦价格持续高位剧烈波动相比，近两年全球大米价格波动幅度小，成为稳定粮食市场的最后稻草。目前，这种局面正在改变。在水稻减产预期增强的情况下，全球大米价格近几个月持续上涨。泰国和越南8月底就提高全球大米价格达成了共识，印度限制大米出口，助推全球大米价格上涨。有人认为，今年上半年，受俄乌冲突影响，小麦和玉米价格成为全球粮价上涨的风暴中心，大米价格保持平稳态势。下半年，大米价格上涨有可能成为焦点。

面对大米价格上涨的挑战，世界各国应通力合作，粮食出口国应该摒弃粮食贸易保护主义，发达国家应该帮助广大发展中国家提升粮食自我保障能力，共同努力构建高效、开放、公平的全球粮食供应体系。

（刊发于 2022 年 9 月 15 日时评版）

有必要控制粮食能源化利用

粮食具有多重属性，可以用来吃，也可以用来生产燃料乙醇、生物柴油等生物燃料。适度合理地发展生物燃料有利于缓解能源危机、保障能源安全，但在当今全球粮食危机风险不断增大的背景下，粮食能源化利用会进一步加剧全球粮食危机。上海合作组织成员国领导人日前在乌兹别克斯坦撒马尔罕举行元首理事会会议，发表了关于维护国际粮食安全的声明，呼吁控制粮食能源化利用，可谓切中肯綮。

生物燃料属于可再生能源，具有多样性、物质性、可循环性和环保性等特点，被认为是应对气候变化和能源紧缺的“解药”。近年来，世界生物燃料市场发展迅速，美欧等国大力发展以粮食为原料的生物燃料，形成“人汽争粮”的矛盾。据统计，2021 年，美国、巴西、欧盟生产生物燃料所消耗的粮食约 3 亿吨。按照联合国粮农组织确定的人均粮食占有量 400 公斤的安全线计算，3 亿吨粮食相当于 7.5 亿人一年的粮食占有量。控制粮食能源化利用，对于保障世界粮食安全意义重大。

目前，美国是全球最大的生物燃料生产国和消费国，每年消耗大量玉米和大豆生产燃料乙醇和生物柴油。据美国能源信息署（EIA）的数据，目前美国约有 88 家生物柴油冶炼厂，年产能维持在

25亿加仑左右；有205座燃料乙醇生产装置，年产能5000万吨左右。近两年，随着原油价格高位运行，美国为了确保国内能源安全，试图将更多粮食用于生产生物燃料。今年4月中旬，美国政府公布紧急措施，进一步扩大生物燃料混合汽油，尤其是乙醇可再生燃料的供应。这种做法，无疑会进一步导致全球粮食供需失衡。美国农业部最新预测，2022/2023年度美国玉米产量3.65亿吨、消费量3.09亿吨，同比分别减少190万吨、623万吨，但其中用于生产燃料乙醇的消费量达到1.37亿吨，同比增加60万吨。美国以燃料乙醇形式消耗掉的玉米占到了其国内消费量的45%，相当于“烧”掉了墨西哥、尼日利亚、越南、印度尼西亚、乌克兰、坦桑尼亚、埃及等7国消费量的总和。

实际上，21世纪以来发生的世界粮食危机，基本都和美国生物燃料政策脱不开干系。美国是世界粮食生产大国，粮食资源丰富，发展生物燃料有得天独厚的条件。1973年第一次石油危机爆发后，美国政府为摆脱对进口石油的依赖，开始大规模发展生物能源。2006年美国通过新能源法案，以立法形式规定了可再生燃料年产量，大量玉米用于生产生物燃料，造成了工业争粮现象，极大地影响了世界粮食安全，进而成为引发2007—2008年粮食危机的重要原因。

美国生物燃料政策是为美国粮食安全战略和国家安全战略服务的。美国是世界粮食生产大国，还是世界头号粮食出口大国和全球粮食定价中心，其粮食政策与世界粮食安全息息相关。美国粮食价格低廉，在国际市场有强大的竞争力。美国政府通过生物燃料政策调控国内粮食需求，虽然减少了能源对外依存度，但推高了全球粮食进口成本，加剧了全球低收入国家人群的饥饿风险，无疑是加剧全球粮食危机的重要因素。

粮食安全攸关人类生存之本，攸关世界经济健康运行。对美国这样的粮食生产大国和出口大国来说，牺牲粮食安全来保障能源安全无异于饮鸩止渴。释放出口潜力，控制粮食能源化利用，无疑是当前缓解国际市场粮食供求紧张局面的有效应对之策。

（刊发于 2022 年 9 月 22 日时评版）

巩固粮食安全的坚实支撑

春种一粒粟，秋收万颗子。眼下秋粮收获进入高峰期，大江南北，一派繁忙景象。今年，我国粮食生产克服了去年北方罕见秋雨秋汛、冬小麦大面积晚播、局地发生新冠疫情以及南方局部地区遭遇严重高温干旱等各种挑战，夏粮、早稻实现增产，秋粮有望再获丰收。这为保障粮食安全注入了信心、增添了底气，为稳住经济大盘、有效应对风险挑战提供了坚实支撑。

粮食安全的逻辑在于以确定性应对不确定性。粮食生产是保障粮食安全的核心基础，粮食流通和储备是建立在粮食生产基础之上的，只有粮食丰收了，才能有粮可运、有粮可储。今年我国粮食丰收来之不易，不仅面临着结构性短缺、区域性供给不平衡、资源和环境资源刚性约束、农村劳动力流失严重等深层次问题，还面临着国际地缘政治冲突、极端天气、粮价波动等各种不确定性因素挑战。我国始终紧绷粮食安全这根弦，千方百计抓好粮食生产，突破制约粮食生产的瓶颈，深挖粮食增产潜力，以国内的确定性应对国际环境的不确定性。

突破粮食生产周期瓶颈，是我国粮食生产连年实现丰收的重要因素。我国是世界上自然灾害较为严重的国家，灾害严重影响了我国粮食安全。党的十八大以来，我国高度重视粮食生产，深入实施

“藏粮于地、藏粮于技”战略，持续推进高标准农田建设，提升种业自主创新水平，创新粮食生产经营模式，增强粮食综合生产能力。我国应对气候灾害和重大病虫害的能力显著提高，打破了“两丰两歉一平”的周期性波动规律，粮食产量连续7年稳定在1.3万亿斤以上，把饭碗牢牢端在中国人自己手里，筑牢经济社会发展的底盘。

面对大豆和油料对外依存度过高的结构性短缺问题，今年我国在稳定水稻、小麦和玉米三大主粮的基础上，实施大豆和油料产能提升工程，千方百计挖掘大豆、油料增产潜力，能多种一亩是一亩，能多收一斤是一斤，尽可能提高大豆、油料自给率。从目前来看，大豆油料扩种成效明显。有关部门初步预计，今年油菜面积超过1亿亩，产量增加明显；大豆玉米复合种植面积达到1500多万亩，大豆面积增加较多。但也应该认识到，结构性短缺问题是长期存在的问题，很难在短期内解决。

面对粮食主产区逐渐向东北地区、黄淮海地区和长江中下游集中造成的区域供给不平衡问题，今年我国大力加强南方省份粮食生产，进一步充实大国粮仓。粮食安全事关经济社会发展大局，实现全年稳产增产的目标，不能只盯着主产区，南方省份也要坚决承担重任。要充分利用光热条件好、水资源充沛、土地类型和物种资源多样等有利条件，巩固粮食生产恢复的良好态势。随着南方省份粮食生产能力进一步加强，我们更有底气端稳中国饭碗。

农民是保障粮食安全的主力军，增加农民种粮收入是关键。今年国家持续实施小麦、水稻最低收购价政策，玉米、大豆生产补贴政策，三大粮食作物完全成本保险和种植收入保险主产省产粮大县全覆盖等一系列含金量极高的强农惠农富农政策，增强了农民种粮的底气和信心。在春耕、夏收、秋粮生产的关键时期，中央财政3

次向实际种粮农民共计发放400亿元一次性农资补贴，缓解了农资价格上涨带来的种粮增支影响，进一步调动农民种粮积极性。同时，要持续推动粮食产业高质量发展，完善粮食生产者利益补偿机制，探索建立农民收入增加的长效机制，真正让种粮农民的腰包鼓起来。

四季轮回，岁月流转，接续耕耘，生生不息。在各方共同努力下，我国粮食生产持续稳步迈上新台阶，“米袋子”“菜篮子”更加充实，更好地满足人民群众对美好生活的需要。

（刊发于2022年9月29日时评版）

节粮减损要强化标准引领

标准，是衡量事物的依据和准则，是国际通行的技术语言；标准化，是推进节粮减损的有力举措。国家粮食和物资储备局日前发布的资料显示，党的十八大以来，国家粮食和物资储备局组织制修订的节粮减损标准有 47 项，基本建立了覆盖粮食全产业链的节粮减损标准体系，为保障国家粮食安全提供了重要技术支撑。

节粮减损是保障国家粮食安全的重要途径。当前，我国粮食生产、储运、加工、餐饮等各环节还存在作业不规范、技术标准执行不到位、相关标准缺失、实施力度不够等问题。例如，在生产环节，播种、收获、运输、干燥作业存在不规范的情况；在流通环节，存在家庭储粮不科学、粮库储粮技术标准执行不到位，部分运输、装卸、适度加工标准缺失等；在餐饮环节，餐饮企业储藏、加工标准执行不够到位、餐饮制度不合理、绿色餐饮宣传亟待改进。随着节粮减损工作的深入推进，亟须加快推进节粮减损标准体系建设，强化节粮减损标准供给，推动标准的应用实施。

建立节粮减损配套标准，是为节粮减损提供重要的制度保障。我国标准体系结构包括政府颁布标准与市场自主制定标准。政府颁布标准主要包括国家标准、行业标准、地方标准，其中，国家标准分为强制性国家标准和推荐性国家标准，食品安全属于强制性国家标准，大米、小麦粉及植物油产品标准为推荐性国家标准；市场标准包括团体标准和企业标准。从目前已经发布的节粮减损标准看，推荐性标准较多而强制性标准少。

粮食全产业链标准体系建设，在引领节粮减损方面发挥出基础性作用，有效促进了节粮减损。

例如，在收购环节，修订后的《大豆》国家标准通过修订"损伤粒率"等质量指标，等内大豆占比从66%左右提高到近90%，能有效增加收购粮源；在储存环节，《二氧化碳气调储粮技术规程》《氮气气调储粮技术规程》等绿色储粮标准发布，提升了绿色储粮水平，降低了储存环节粮食损耗；在加工环节，修订后的《大米》《小麦粉》《菜籽油》等推荐性国家标准，合理确定粮食加工精度等指标，引导企业从过度加工转向适度加工，大幅降低粮食损失浪费。如《大米》国家标准通过设置加工精度上限，总出米率约提高1.25%；《小麦粉》国家标准降低加工精度要求，将原来的四个加工等级修改为"精制粉""标准粉""普通粉"三个类别，以普通粉为例，总出粉率提高0.5%~3%。在餐饮消费环节，北京朝阳区市场监管局发布的《节约型餐饮企业评价通则》团体标准，规定了节约型餐饮企业的评价原则和要求。值得注意的是，制止餐饮浪费方面多为推荐性标准，缺少强制性标准。

我国粮食全产业链节粮减损和制止餐饮浪费工作，还处于起步阶段，需要强化标准引领，不断健全符合节粮减损要求的粮食全产业链标准体系。应鼓励有关行业协会、企业制定相关团体标准、企业标准。在生产环节，重点加强种植技术、采收技术、播种机、收获机等生产环节标准制修订；在仓储环节，着重加强仓储设备建设、虫霉防治和减损降耗等相关标准研制；在运输环节，着重于降低包装、装卸抛洒、散漏损失率等相关标准研制；在加工环节，着重于限制产品过度加工、科学界定产品加工等级以及副产物综合利用率等相关标准研制。

节粮减损重在行动。有了标准仅是“第一步”，要实现节粮减损，关键在于严格落实已有标准，强化节粮减损标准实施监督，把标准真正执行到位，助推节粮减损取得实效。

（刊发于 2022 年 10 月 13 日时评版）

全方位夯实粮食安全根基

粮食事关国运民生，粮食安全是国家安全的重要基础。党的二十大报告提出“全方位夯实粮食安全根基”，这为我国粮食政策指明了方向，给粮食安全提出了更高的要求。未来，要全方位系统性地审视和解决粮食安全面临的问题，锻长板、补短板、强弱项，构建更高水平的粮食安全保障体系，为经济社会发展筑牢底盘，为中国式现代化建设夯实基础。

党的十八大以来，我国全面加强粮食生产、储备、流通能力建设，有效保障了 14 亿多人的粮食安全，但风险和挑战仍在。从国际看，当前世界百年未有之大变局加速演进，世纪疫情影响深远，逆全球化思潮抬头，粮食保护主义明显上升，不确定难预料因素增多，各种“黑天鹅”“灰犀牛”事件随时可能发生；从国内看，粮食生产还存在资源环境约束、结构性短缺、区域性不平衡等矛盾。必须增强忧患意识，坚持底线思维，做到居安思危、未雨绸缪，全方位系统性地解决粮食安全的问题，牢牢把握粮食安全主动权，有效应对重大风险考验。

中国要强，农业必须要强。加快农业强国建设，深化供给侧结构性改革，扎实推进质量兴农、绿色兴农、科技兴农，推动粮食生产从拼人力畜力、拼资源、拼环境、拼消耗的粗放式生产方式向可持续生产方式转变。加快推进农业现代化，突出抓好现代农业产业体系、生产体系和经营体系建设，补齐中国式现代化短板。全面落实粮食安全党政同责，突出抓住耕地和种子两个关键，健全种粮农民收益保障机制和主产区利益补偿机制，优化种植结构，加大南方生产地区粮食生产扶持力度，着力破解粮食生产结构性、区域性等矛盾，确保粮食产得出、供得上、供得优。在确保粮食安全的前提下，落实大食物观，构建多元化食物供给体系，更好满足人民美好生活的需要。

针对粮食生产效益低、竞争力不强等问题，应加快推进粮食产业高质量发展，加快粮食安全产业带建设，深入实施优质粮食工程，构建粮食产购储加销全产业链发展，形成大粮食、大产业、大市场、大流通的高质量发展格局。例如，黑龙江、河南、山东、安徽等主产区以“粮头食尾”“农头工尾”为抓手，不断做大做强粮食产业，从“大粮仓”变身“大厨房”，从粮食生产大省迈向粮食经济强省，促进区域经济发展和乡村振兴，更好地保障国家粮食安全。

针对粮食市场频繁波动等情况，应强化粮食产购储加销协同保障，充分发挥储备和进口调节作用，增强粮食宏观调控能力。加快构建与大国地位相符的国家粮食储备体系，以储备的确定性来应对经济社会发展面临的不确定性和不稳定性。目前，我国推动形成了政府储备和企业社会责任储备有机结合、互为补充的粮食储备格局，储备实力不断增强，储备布局结构优化，严惩涉粮腐败，守护管好“大国粮仓”，确保平时备得足、储得好，关键时刻调得出、用得上。增强全球粮食产业链供应链风险管理能力，推动粮食进口来源地和品种多元化，确保粮食买得到、运得进。加强粮食宏观调控，充分发挥粮食储备“压舱石”和“稳定器”作用，确保粮食市场平稳运行，既要防止“谷贱伤民”，也要避免“米贵伤民”，真正做到“为耕者谋利，为食者造福”。

我国粮食安全的蓝图已经绘就。只要坚定信心、笃行不怠，党政同责、上下一心，撸起袖子加油干、风雨无阻向前行，全方位夯实粮食安全根基，才能把中国人的饭碗牢牢端在自己手中。

（刊发于 2022 年 10 月 27 日时评版）

确保大米进口“两个安全”

水稻是我国重要的口粮之一，“米袋子”安全关系 14 亿多中国人的饭碗。根据中国海关总署日前发布的数据，今年 1—9 月我国累计进口大米 505 万吨，同比增长 41.1%，已超过 2021 年全年大米进口量。我国水稻完全实现自给自足，大米进口激增并非国内供应存在缺口。大米进口增加可以优化国内供给结构，在确保大米进口安全的同时，要防止影响国内大米产业安全。

大米用途广泛，可以用作口粮，也可以用于酿酒、制作米粉，在比价关系合理的情况下，大米还可以替代玉米作饲料。我国水稻连续多年产大于需，储备充足，自给率超过 100%，今年早稻实现增产，南方高温干旱对中晚稻影响总体有限，大米供应并不存在缺口，但玉米供应紧张的问题仍然存在。今年受俄乌冲突影响，俄乌两国小麦、玉米出口受阻，价格高位运行，进口成本上升，我国加大了大米进口力度。进口大米除了部分高端大米如泰国香米进入口粮市场外，大部分进口大米特别是碎米进入食品工业领域和饲料领域。从今年 1—9 月的粮食进口结构看，玉米、小麦进口量下降，大米进口量增加。

进口大米成本低是刺激我国企业进口大米积极性的重要原因。疫情发生以来，小麦、玉米等粮食品种价格持续高位运行，但大米价格相对稳定，被称为全球粮食市场的“稳定器”。今年受高温干旱、洪涝灾害等极端天气以及贸易保护主义政策的影响，全球大米价格虽然连续多月上涨，但涨幅明显低于小麦、玉米价格。而且，国内外大米价格存在倒挂现象，进口大米到岸价格低于国内大米价格，进口成本优势明显，激发了我国企业进口大米的积极性。

确保粮食安全还须解决许多重大问题，这是党的二十大报告提出的明确要求。大米进口激增是否会冲击国内大米市场，影响国内大米产业安全，这是当前社会普遍关注的问题。为了避免国际低价粮冲击国内市场，确保国内大米产业安全，多年来我国对大米进口实行配额管理，大米进口配额一直保持在532万吨，配额内进口关税低，配额外进口关税高，这相当于为国内大米市场建立起“防火墙”。从目前进口趋势看，今年大米进口有可能首次突破进口配额。为了保护和调动农民种粮积极性，今年我国提高了水稻最低收购价，在秋粮上市之际，安徽、江苏、河南、湖北等主产区已经启动中晚稻最低收购价收购，确保农民“有粮卖得出”，但是，一定要防止“洋米入市、国米入库”现象发生。

我国持续增强全球粮食产业链供应链管理能力，构建大米进口多元化格局，确保进口安全。我国大米进口来源地主要集中在越南、泰国、巴基斯坦、柬埔寨、缅甸、印度等国家。今年受高温干旱、洪涝灾害等极端天气影响，一些国家采取贸易保护主义措施，使得国际大米贸易稳定性受到影响。为了确保大米进口安全，我国持续推动进口来源地多元化，提高全球大米议价能力，确保大米买得到、买得起、运得进。

面对复杂多变的国际形势，我国要全方位夯实粮食安全根基，把中国人的饭碗牢牢端在自己手中，以国内供给的稳定性应对国际市场的不确定性。一方面要深入贯彻实施“藏粮于地、藏粮于技”战略，持续提高水稻产能，不断挖掘水稻增产潜力；另一方面要贯彻“减损就是增产”的理念，推动水稻全产业链节粮减损，如在加工环节，通过修订大米国家标准，引导企业从过度加工向适度加工转型，提高大米出米率，充分提高粮食资源利用率，实现绿色增产。

（刊发于2022年11月3日时评版）

夯实国家粮食储备根基

古话说，“备豫不虞，为国常道”。我国粮食储备充足，是市场供求的“调节器”、救灾应急的“蓄水池”和战略安全的“压舱石”，在保障国家粮食安全中发挥着重要作用。近年来涉粮违规案件时有发生，威胁粮食安全。我国要进一步夯实国家粮食储备家底，守住管好“天下粮仓”，综合运用法防、技防、人防等手段，构建违法违规行为“防火墙”，确保储备粮数量真实、质量可靠，确保关键时刻调得出、用得上。

党的十八大以来，我国高度重视粮食储备安全，粮食储备规模不断扩大，布局结构不断优化，库存管理逐步规范，粮食储备能力稳步提升。面对世纪疫情和全球性粮食危机，我国充分发挥储备粮“稳定器”作用，通过实施粮食宏观调控，确保了国内粮食基本供应不脱销、不断档，确保国内市场粮价始终保持平稳运行态势，与国际粮价大起大落、频繁波动形成鲜明对比。

充裕的粮食储备是我国保障粮食安全的优势所在。在当前复杂多变的国际形势下，不确定、难预料的因素增多，疫情、极端天气和地区冲突等突发事件出现的风险较高。党的二十大提出要“全方位夯实粮食安全根基”。在聚焦粮食安全补短板的同时，更要锻造粮食储备这个长板，树立“大储备”意识，坚持“一盘棋”推进。

要加快构建与大国地位相符的国家粮食储备体系，优化储备布局结构；加快健全中央和地方、实物和产能、政府和企业储备相结合的储备机制，完善中央和地方储备联动机制，不断增强防范化解重大风险能力。

储备粮数量是否真实、质量是否良好、储备是否安全，一直是社会普遍关切的问题。近年来，粮食和储备部门在每年例行粮食库存检查基础上，探索更加有效的监管手段，开展政策性粮食库存大清查，摸清了“天下粮仓”家底，交出了实实在在的“明白账”，建立了全国政策性粮食库存数量和质量数据库，为党中央、国务院进行重大决策提供了科学依据。

然而，令人痛心的是，近年来涉粮腐败案件时有发生，一定程度上影响储粮安全。为进一步强化监管，各级粮食和储备部门积极配合粮食购销领域专项整治，依法打击腐败。2021 年，中央纪委国家监委牵头开展粮食购销领域腐败问题专项整治，各级粮食和物资储备部门认真开展粮食流通“亮剑 2021”专项执法行动。重拳打击之下，一批胆大妄为、贪得无厌的粮仓“硕鼠”“蛀虫”“蝇贪”被绳之以法，“人情粮”“关系粮”“空气粮”“转圈粮”“升溢粮”等靠粮吃粮的腐败现象有所减少。不过，要杜绝储备领域的违法违规行为仍任重道远、丝毫不能放松。

我国储备粮库遍及全国各地，守护好“大国粮仓”，将各种问题隐患消除在萌芽状态，必须高悬监管利剑。除定期检查外，还须运用“飞行检查”“突击检查”“12325 热线举报”等创新手段，构建全方位监督检查体系，全面提升监管效能。

运用先进的科技实现储备粮库穿透式监管，能够弥补传统监管手段的不足和短板。随着大数据、云计算等新兴科技快速发展，粮食储备管理从粗放式管理逐步向全程化监控、立体式监管、全社会监督转型，中央和地方储备粮库实现全程即时在线穿透式监管，能够以在线视频随机抽查、跨省份交叉检查等方式随时随地开展检查，真正实现粮食储备安全“看得见摸得着”，稳住粮食安全“压舱石”。

（刊发于 2022 年 11 月 10 日时评版）

健全粮食主产区利益补偿机制

五谷丰登，粮安天下。今年粮食丰收已成定局，粮食主产区扛稳粮食安全重任，确保粮食稳产增产，但主产区经济发展滞后也是不争的事实。健全主产区利益补偿机制是党的二十大提出的重要方针。近日中央财政提前下达2023年农业相关转移支付2115亿元，这有助于调动和保护主产区重农抓粮积极性，更好地确保国家粮食安全。

要粮食，还是要经济效益，一直是困扰粮食主产区的两难选择。粮食比较效益低，对财政贡献有限。主产区为了确保粮食生产和供给，在产业选择上不得不放弃部分收入高、见效快的产业，把更多的财政投入到粮食生产上，导致“粮财倒挂”问题突出。主产区为了保障粮食安全，牺牲了很多发展经济的机会，国家对粮食主产区的补偿和扶持，成为调动地方政府重农抓粮积极性、稳定粮食生产供应的有力政策杠杆。

近年来，国家对粮食主产区实行以财政转移支付为主的纵向补偿机制，不断加大对主产区的财政转移支付力度，加大对产粮大县的奖励资金投入，对符合规定的产粮大县、产油大县、商品粮大省、制种大县、“优质粮食工程”实施省份给予奖励，保障产粮大县重农抓粮不吃亏。但是中央财政转移支付和奖补资金毕竟有限，只能起到缓解主产区财政困难的问题，不能从根本上解决主产区或者产粮大县面临的“粮财倒挂”“高产穷县”困境，因此健全主产区利益补偿机制势在必行。国家应强化对主产区的政策扶持，各项扶持政策要向主产区倾斜，不断增强主产区粮食综合生产能力。进一步强化对主产区财政转移支付力度和对产粮大县的奖补力度，各种奖补政策不仅要与粮食产量挂钩，而且应综合考虑粮食调出量、土地产出率、资源利用率、劳动生产率等指标，确保主产区财政收入达到全国平均水平。

加快探索建立粮食主销区对主产区的横向补偿机制。目前粮食主产区和主销区存在利益倒挂，粮食作为保障国计民生的重要产品，不能随意提价，粮食常常以较低价格由主产区流向粮食需求区，化肥、农药等投入品价格居高不下，导致粮食主产区在投入产出过程中利益流失，而主销区却可以通过粮食精深加工和流通赚取更高的利润。要改变这种不利于粮食安全的局面，亟须加快探索建立粮食产销区的利益联结机制，建立粮食主销区对主产区的补偿制度，引导主销区企业参与主产区粮食生产基地、仓储设施、加工园区、营销网络的建设，从以前“供需合作”向“供应链合作”转型，逐步形成多元化、规模化、现代化的粮食产销合作新格局。

对于主产区来说，需要国家和粮食调入地区“输血”，更需要培育“造血”功能，激发经济发展的内生动力。目前主产区经济发展面临的主要问题是工业基础薄弱、经济发展缺乏强有力的带动和支撑。主产区的最大优势是粮食资源丰富，要把粮食资源优势转化为产业优势和经济优势，就要改变当前粮食加工转化基地与粮食生产分离的状态，提高主产区粮食就地加工转化能力。例如，山东、江苏、湖北、河南等主产区通过高质量发展粮食产业，实现了从粮食大省向粮食强省转型。

实践证明，主产区可以依托粮食资源优势走出区域经济发展困境。国家应大力支持主产区依托县域发展粮食加工，深入实施优质粮食工程，构建产供储加销全产业链发展格局，加大品牌培育力度，推动主产区从“卖原粮”向“卖产品”“卖品牌”转型，从“大粮仓”向“大厨房”转型，真正实现保障国家粮食安全和区域经济发展双赢。

（刊发于 2022 年 11 月 17 日时评版）

精准把握粮食进口规模和节奏

我国已经实现口粮绝对安全，确保饲料粮安全则成为当前我国粮食安全面临的主要矛盾。从中国海关总署最新发布的数据看，2022 年前 10 个月我国累计进口粮食 12233 万吨，较 2021 年同期减少 11.3%。粮食进口呈现量减价扬的态势，除了大米和高粱进口同比增长外，其他粮食品种进口量同比下降。我国粮食进口以饲料粮为主，人们最担心的是粮食进口减少是否会影响饲料粮供应安全。

随着生活水平的提升，消费者从“吃得饱”向“吃得好”转型，对肉蛋奶的消费需求增加。作为世界重要的养殖大国，我国饲料粮需求快速增长，作为饲料粮食消费主体的玉米供需紧张，大豆自给率低，需要通过进口填补国内需求缺口。多年来，我国粮食进口一直以大豆进口为主导，玉米次之，小麦和大米进口量很少。当前，新冠疫情造成物流不畅，地缘政治冲突持续以及一些国家实行粮食贸易保护主义政策，致使全球粮食供应链出现问题。在全球粮食供应相对充裕的情况下，全球粮食供需不平衡问题凸显，使得我国粮食进口面临很大的不确定性。这是导致今年我国粮食进口量下降的重要原因。

从目前来看，粮食进口量下降对国内饲料粮稳定供给影响有限。首先，今年我国粮食进口量虽然有所下降，但全年粮食进口总量有望与2020年进口量持平，对国内饲料粮稳定供应影响不大。其次，面对国际环境的不确定性和不稳定性，我国未雨绸缪，从供需两侧入手加强粮食宏观调控，确保饲料粮供需基本面保持稳定。从供给侧看，今年我国实施稳口粮、稳玉米、扩大豆、扩油料的粮食生产政策，全年粮食丰收已成定局，为保供给、稳物价、增信心提供了有力支撑。从需求侧看，我国一方面严格控制以玉米为原料的燃料乙醇加工产能扩张，防止玉米过度深加工挤占饲料消费需求；另一方面推进配合饲料中玉米豆粕减量替代，构建适合我国国情的新型日粮配方结构，充分发掘利用本土饲料资源，推动饲料配方结构多元化，对缓解我国玉米供需矛盾和大豆对外依赖程度起到了重要作用。

粮食进口关系到我国饲料粮安全。在复杂严峻的国际环境下，我国还须持续推进高水平对外开放，依托超大规模市场优势，以国内大循环吸引全球资源，增强国内国际两个市场两种资源的联动效应。积极推动国际合作，共同畅通粮食供应链，稳定国际粮价，坚决反对将粮食问题政治化、工具化。增强全球粮食供应链管理能力，提升对国际资源的掌控能力，推动形成更加多元化的进口格局，降低进口风险。值得注意的是，2020年以来，继玉米、小麦突破进口关税配额后，今年前10个月大米进口量首次突破进口关税配额。我国要完善粮食进口配额管理制度，精准把握粮食进口规模和节奏，确保国内粮食生产安全。

立足国内基本解决我国人民的吃饭问题，是我国一以贯之的大政方针，绝不能把国内粮食安全建立在不确定的国际市场上。我国要全方位夯实粮食安全根基，深入实施“藏粮于地、藏粮于技”战略，持续推进科技创新、政策创新、机制创新，不断提高粮食综合生产能力，千方百计挖掘粮食增产潜力，减少粮食损失浪费，确保把中国人的饭碗牢牢端在自己手中。要树立大食物观，构建多元化食物供给体系，全方位、多途径开发食物资源，更好满足人民群众日益多元化的食物消费需求。

储备粮是保百姓饭碗的粮食。我国要加快构建与大国地位相符的国家粮食储备体系，不断完善储备体系和体制机制，管好用好储备粮，保障粮食市场平稳运行。

（刊发于 2022 年 11 月 24 日时评版）

要让种粮农民有钱赚

五谷丰登粮满仓。今年粮食丰收已成定局，农民要丰收，也要增收，实现增收与丰收同步，才能持续激发农民种粮的内在动力。党的二十大明确提出，健全种粮农民收益保障机制。在落实中央财政提前下达的 2023 年农业相关转移支付的基础上，要持续强化政策供给，精准发力，力争做到政策保本、经营增效，让种粮农民不吃亏、有钱挣。

今年受成本驱动、需求拉动以及全球粮价上涨等各种因素叠加影响，我国粮食价格整体上扬，小麦、玉米、大豆价格高位波动，水稻价格运行平稳，优质优价特征明显，农民择机择时售粮，实现种粮收益最大化。但种粮成本持续攀升成为影响农民增收的“拦路虎”。这是因为，在去年高粮价的刺激下，今年土地租金以及化肥、农药、柴油等农资价格大幅上涨，种粮成本随之增加。加之今年粮食生产遭遇去年北方罕见秋雨秋汛、今年“南旱北涝”等极端天气，虽然没有带来灾害性后果，但一些农户为抗灾付出更多生产成本，种粮农户收益空间进一步收窄。

种粮成本高、收益低，是影响农民种粮积极性的主要原因。针对农资价格上涨问题，今年在春耕、夏收和秋收秋种的关键时期，中央财政先后三次向实际种粮农民发放一次性农资补贴资金 400 亿元，大幅缓解农资价格上涨带来的种粮增支影响。实际上，为了确保农民种粮收益，近年来我国不断强化粮食生产政策扶持力度，加快建立种粮农民收益保障机制。今年我国继续实施小麦、水稻最低收购价政策，并提高小麦、水稻最低收购价；完善大豆生产补贴政策，在国家发放大豆种植补贴、轮作补贴、大豆玉米复合种植补贴等各种补贴的基础上，地方政府追加补贴，极大地调动和保护了农民种植大豆的积极性。

粮食生产面临市场波动风险和自然灾害风险的挑战，投资越大，风险就会成倍放大。今年我国在继续实施政策性农业保险的基础上，实现三大主粮完全成本保险和种植收益保险在主产区产粮大县全覆盖，还在黑龙江和内蒙古开展大豆完全成本保险和种植收入保险试点，进一步提高保障水平。今年夏秋季节，一些地区因为“南旱北涝”天气造成不同程度粮食减产，参加完全成本保险和种植收益保险的农户，可以获得高额保险理赔，实现了“旱涝保收”。

值得注意的是，一些农户只参加了保额较低的政策性农业保险，没有参加完全成本保险和种植收益保险，无法获得高额保险理赔。造成这种现象的原因是多方面的。一是农民对保险认识不足，担心交了保费得不到保障；二是完全成本保险和种植收益保险自交保费比例高于传统保险，农户负担过重；三是一些地方存在限制参保名额、基层服务专业性不高、“重保轻赔”等问题，影响农户参保积极性。亟须加大农业保险宣传力度，完善保险政策设计，降低农户自交费比例，提高基层保险服务专业化水平，把好政策真正落到实处。

让农民获得更好的收益，还需要在经营上下功夫。聚焦关键薄弱环节，大力发展农业社会化服务，为种粮农户提供生产、烘干、收购、存储和贸易等社会化服务，实现粮食规模化、机械化、集约化生产，既可解决“谁来种地”的问题，实现降本增效，还可解决农民晒粮储粮难和卖粮难的问题，避免粮食产后损耗，提高农户种粮综合收益。

冬耕不可失，努力勿安卧。当前正是小麦安全越冬前田间管理的关键时期，农民忙着灌溉施肥。牢牢把住粮食安全主动权，粮食生产要年年抓紧，丝毫不能松懈。要鼓励农民多种粮、种好粮，确保来年粮食生产再获丰收。

（刊发于 2022 年 12 月 1 日时评版）

科学储粮有利增产保增收

粮食要种得好，还要储得好、卖得好。眼下秋粮收购进入高峰期，由于粮价大幅上涨，农民看好后市，挺价惜售心理较为严重。各地要多措并举推进农户科学储粮，确保农户庭院储粮安全，增强农户议价能力，争取好粮卖好价，真正实现从“丰收”到“增收”的转变。

农户科学储粮关系农民增收。储粮环节是粮食生产的终端环节，也是种粮赚钱与否最关键的环节。以前每到新粮大量集中上市阶段，粮价都会出现阶段性下滑，由于没有储粮装具或者粮库存粮，农民只得早早把粮食卖掉，以至于好粮卖不上好价。近年来，随着收储市场化的不断推进，农户售粮习惯已经从集中售粮转为全年均衡销售，农户通过科学储粮，可以根据市场形势择机售粮，实现种粮收益最大化。

农户科学储粮关系国家粮食安全。农户科学储粮，能够增强农户抵御自然灾害和风险的能力，降低粮食生霉和坏粮风险，减少粮食损失，增加粮食有效供给，提高粮食品质。更为重要的是，农户储粮是我国粮食储备体系的重要组成部分，在出现地震等自然灾害和新冠疫情等突发事件时，能够起到粮食市场“调节器”和应急供应保障“缓冲阀”的作用。因此，要从国家安全大局出发，不断提高农户科学储粮水平，增强农户通过储粮防范化解风险的能力。

近年来，随着现代农业的快速发展，农户储粮方式逐渐从传统的粗放式管理向精细化管理转型，但农户储粮方式仍然比较落后，“地趴粮”仍然随处可见，储粮损失高达 8% 左右。“地趴粮”是广泛存在于我国北方地区的一种比较粗放的露天储粮方式，农民把收获后的粮食堆放在院子或者地里，遇到雨雪天气或者天气回暖，极易发生霉变产生坏粮。2008 年 4 月份，东北部分地区因为天气原因以及“地趴粮”落后的储粮方式，导致玉米霉变粒比例达到 30% 以上，农户损失严重。

粮食“上楼”“入库”，农户储粮不愁。近年来我国坚持不懈推进农户科学储粮，加强农户科学储粮技术培训和服务，开展不同规模农户储粮装具选型及示范应用。针对东北“地趴粮”问题，各地因地制宜全力推进庭院立体储粮，在农户庭院里搭建码趟子、铁网囤、玉米栈子等成本低、易操作、效果好的储粮装具，让“地趴粮”“站”起来。针对农户庭院无处存放、个人投入大、劳动力不足等问题，各地拓展粮食存储空间，利用村集体建设用地、低效用地等，集中建设储粮设施，变“分散储粮”为“集中储粮”。各地推进粮食产后服务中心建设，充分利用闲置仓储资源积极参与粮食产后服务，为农民提供代清理、代烘干、代储存、代加工、代销售服务，促进粮食提质进档，推动节粮减损，帮助农民实现“优粮优储”，好粮卖好价，增加农民收入。针对合作社、家庭农场等新型农业经营主体面临的储粮难问题，强化农企对接，鼓励和支持新型农业经营主体与粮食加工、收储企业合作，开展订单式种植和产销衔接，减少中间环节，既解决了新型农业经营主体储粮难问题，又解决了粮食加工、收储企业的粮源问题。

对农民来说，仅有好的储粮设施是不够的，还要加强庭院储粮安全管理，密切关注天气变化，及时检查粮情，发现隐患要及时采取措施解决，避免生霉坏粮造成经济损失。增强市场意识，在粮价波动新常态下，密切关注粮食市场行情，理性把握售粮时机，争取好粮卖好价，真正实现增产又增收。

（刊发于2022年12月8日时评版）

做好粮食增产取舍大文章

又到了年底晒粮食生产成绩单的时候，有的地方增产，有的地方减产。国家统计局最新发布的资料显示，2022 年全国粮食总产量达 13730.6 亿斤，比上年增加 73.6 亿斤，增长 0.5%，再次高位增收，粮食产量连续 8 年稳定在 1.3 万亿斤以上。全国 31 个省（区、市）中，有 23 个省份实现粮食增产，其中，河南今年恢复性增产 49 亿斤，新疆、内蒙古、山东、山西、吉林粮食增产均超过 8 亿斤。值得注意的是，黑龙江粮食产量虽然居全国第一位，但比上一年略有减产，这是黑龙江从国家粮食安全大局出发调整优化种植结构得到的结果。

今年粮食高位增产丰收的成绩来之不易。去年秋冬北方罕见秋汛、夏季长江流域高温干旱、东北地区南部农田渍涝灾害偏重，对粮食生产造成一定影响。中央财政紧急安排农业生产和水利救灾资金，各地全力抗旱救灾，强化田间管理。比如，四川、重庆等受灾较重地区改种扩种晚秋作物，增加播种面积。近年来，我国持续推进高标准农田建设，到 2022 年底累计建成 10 亿亩高标准农田，良田、良种、良机、良技有机结合，能够实现旱涝保收、高产稳产，在抗灾救灾中发挥重要作用。

今年粮食增产丰收是中央、地方和 2.3 亿农户共同努力的结果。

中央加大政策供给力度，建立健全农民种粮收益保障机制和粮食主产区利益补偿机制，让种粮农民有钱挣、让主产区得实惠，充分调动农民种粮积极性和地方抓粮积极性。对农民辅之以“利”，在主产区继续实施并提高小麦、稻谷最低收购价，稳定了农民种植预期；稳定玉米、大豆生产者补贴和稻谷补贴政策，加大轮作补贴规模和大豆玉米复合种植补贴，引导农民调整种植结构；在13个主产区产粮大县实现三大主粮完全成本保险和种植收入保险全覆盖，在内蒙古和黑龙江推行大豆完全成本保险和种植收入保险，给种粮农民吃下“定心丸”，引导农民多种粮、种好粮。针对农资价格上涨的问题，今年中央连续三次向实际种粮农民发放一次性农资补贴合计400亿元，进一步调动农民种粮积极性。对地方辅之以“利”和“义”，加大对产粮大县的奖励力度，全面落实粮食安全党政同责，严格粮食安全责任制考核，推动主产区、主销区、产销平衡区共同扛起粮食安全重任。

为实现粮食稳产增产的目标，各地千方百计保面积、保产量。在我国的粮食版图中，有13个主产区、7个主销区和11个产销平衡区。今年13个主产区粮食产量占全国粮食总产量的78%以上，稳稳地扛起了国家粮食安全重任。全国23个省份实现粮食增产，包括河北、内蒙古、吉林、江苏、安徽、山东、河南等主产区，北京、天津、上海、浙江、福建、广东和海南等主销区，以及山西、宁夏、甘肃、西藏、云南、贵州、陕西、广西和新疆等产销平衡区。

如果说四川、重庆等个别省份粮食减产是气候灾害等不可抗力因素所致，那么，黑龙江粮食减产是调整种植结构导致的减产。我国大豆对外依存度高，成为保障国家粮食安全的潜在隐患。今年国家为了提高大豆自给率，调整优化种植结构，在稳口粮、稳玉米的基础上，实施大豆产能提升工程。作为大豆生产核心区，黑龙江为了实现国家大豆增产目标，大力调整种植结构，减少玉米播种面积、增加大豆播种面积 1000 万亩以上。今年大豆单产 132 公斤，远低于玉米单产 429.1 公斤，这是造成黑龙江粮食减产的重要原因。

舍得，有舍才有得。黑龙江在增产与减产取舍之间，牺牲粮食增产，实现大豆增产，有助于缓解我国大豆短缺难题，更高质量保障国家粮食安全，是为得。

（刊发于 2022 年 12 月 15 日时评版）

力争粮食产能再上新台阶

粮食要“吃得饱”，还要“吃得好”。当前我国粮食安全问题已经从“吃得饱”转为“吃得好”，从口粮安全问题转为饲料粮安全问题。要把中国人的饭碗牢牢端在自己手上，就要在高起点上再次推动粮食产量跃上新台阶。刚刚召开的中央经济工作会议提出要“实施新一轮千亿斤粮食产能提升行动”，这将有助于进一步挖掘粮食增产潜力，为保障粮食安全夯实基础。

持续提高粮食综合生产能力是保障国家粮食安全的重要基础。当前我国粮食安全形势总体是好的，粮食安全是有保障的，实现了谷物基本自给、口粮绝对安全，人均粮食占有量达到 483 公斤，高于人均粮食占有量 400 公斤的国际水平。然而，我国粮食安全仍然面临着风高浪急的国际形势、持续增长的国内需求，以及资源约束趋紧、种粮比较效益低、极端气候频发、结构性矛盾比较突出等潜在风险隐患。持续提升粮食综合生产能力，不断挖掘粮食增产潜力，能够更好地保障粮食安全。

粮食综合生产能力是指在一定时期、一定技术条件和生产要素投入下国内可以稳定达到的粮食产出能力，是衡量一个国家粮食安全的重要指标。我国一直高度重视提升粮食综合生产能力，粮食产量从 1949 年的 11318 万吨提升至 2022 年的 68653 万吨，70 多年间增加了6倍以上，就是粮食产能提高的具体表现。自2009年我国启动实施《全国新增1000亿斤粮食生产能力规划（2009—2020年）》以来，粮食产量连续迈上了1.1万亿斤、1.2万亿斤、1.3万亿斤的台阶，粮食生产能力潜力充分释放，粮食增产难度越来越大。自2015年以来，粮食产量已经连续8年稳定在1.3万亿斤以上。今年全国31个省（区、市）中，有23个省份实现了增产，其中，除了河南恢复性增产49亿斤，新疆、内蒙古、山东、山西、吉林粮食增产均超过8亿斤，其他省份增产不多。因此，实施新一轮粮食产能提升行动是大势所趋。“十四五”规划首次将粮食综合生产能力作为安全保障类约束性指标，党的二十大报告提出要全方位夯实粮食安全根基，足见国家对提升粮食产能的重视。

实施新一轮千亿斤粮食产能提升行动，不能走以前那种资源消耗型的老路子，而是要走绿色发展高质量发展的新路子，全方位夯实粮食安全根基，确保产得出、供得上、供得优。全面落实粮食安全党政同责，深入实施藏粮于地、藏粮于技战略。耕地是粮食生产的命根子，坚守18亿亩耕地红线，持续推进高标准农田建设，逐步把永久基本农田全部建成高标准农田。据评估，建成以后项目区的耕地粮食产能平均提高10%~20%。科技创新是粮食持续稳定增产的根本途径，目前我国农作物良种覆盖率在96%以上，良种对农业增产的贡献率达到45%。深入实施种业振兴行动，培育推广一批高产优质、多抗广适的突破性新品种，强化农业科技和装备支撑，推动良种、良法、良机与良田有机结合，不断提升粮食单产水平。健全种粮农民收益保障机制和主产区利益补偿机制，充分调动农民种粮积极性和地方抓粮积极性，特别是主产区、主销区、产销平衡区都要保面积、保产量，持续提升粮食综合生产能力，共同扛起保障国家粮食安全的重任。

粮食综合产能提升是一个缓慢的过程，不可能一蹴而就。要坚持农业农村优先发展，把新一轮千亿斤粮食产能提升行动融入乡村振兴战略中，在干部配备、要素配置、资金投入和公共服务方面要优先考虑，不断完善粮食产能提高机制，加快农业农村现代化进程，努力推动粮食产能迈上新台阶，粮食产量在高基点上实现新突破。

（刊发于 2022 年 12 月 22 日时评版）

做好应急保供 守护百姓粮仓

备豫不虞，为国常道。近年来，疫情、自然灾害等突发重大应急事件频繁发生，加剧粮食波动风险。如何保障应急事件下粮油产品供应不脱销不断档，考验着一个国家的粮食应急供应保障能力。加快构建与大国地位相符的国家粮食应急保障体系，以储备的确定性来应对经济社会发展面临的不确定性和不稳定性，才能更好地保障国家粮食安全，也是全方位夯实粮食安全根基的题中应有之义。

古希腊的一位哲学家曾这样说过：“人类的一半活动是在危机当中度过的。”如果对突发重大应急事件处理不力、处置不当，可能会引发一个地区、一个国家或者全球性粮食安全危机。近年来，我国全面加强粮食生产、储备、流通能力建设，粮食生产实现“十九连丰”，粮食储备充足，建立涵盖粮食应急储运、加工、配送、供应各环节的应急保障体系，应急保供能力显著提升，抵御住了突发重大应急事件的轮番冲击，有效维护粮食市场平稳运行。

近年来我国粮油储备不断充实，成品粮保障水平不断提高，保供稳价的物质基础扎实。成品粮能迅速投入市场，是应对紧急情况下确保粮食供应的第一道防线。我国 36 个大中城市主城区及市场易波动地区建立 15 天以上的成品粮储备库存，山西、内蒙古、吉林、江苏、浙江、江西、广东、贵州、陕西、甘肃、宁夏等省份还结合应对疫情保供稳市的经验，要求辖区内地级市建立 10—15 天的成品粮储备，以保障关键时刻的应急需要。我国稻谷、小麦等原粮储备充足，加工能力强，粮食应急日加工能力够全国人民吃两天，可有效保障成品粮后续供应。粮食应急物流快捷高效，形成由都市区“1 小时”、周边城市“3 小时”、城市群“5 小时”构成的“全国粮食 135 应急保障圈”，可在最短时间内把成品粮运送到消费终端市场。

应急保障中心是应急事件下确保粮食安全的重要载体。近年来我国加快粮食应急保障中心建设，推动形成粮食储备、加工、配送、供应功能集成的区域、省、市、县粮食应急保障中心，有效衔接粮食产业链供应链上下游，确保区域粮食应急供应稳定高效。截至 2021 年末，全国共有粮食应急加工企业 6000 家，应急供应网点 52983 个，应急储运企业 4199 家，粮食应急配送中心 3047 家，粮食应急保障能力不断提升。聚焦粮食应急保障网点建设不足的薄弱县（市、区、旗），持续充实网点数量并优化网点布局，加大政策和资金支持力度，不断增强县级粮食应急保障能力。特别值得一提的是，2021 年以来，全国有 119 家企业被认定为国家级粮食应急保障企业。这些企业平时按市场化运作，自主经营，在粮食应急状态下承担粮食应急保障任务，有效发挥应急保障作用。

为做到有备无患，近年来我国不断推动完善国家、省、市、县四级粮食应急预案体系，扎实推进《国家粮食应急预案》修订工作。目前有 19 个省（区、市）修订印发省级粮食应急预案，333 个地级市均具备粮食应急预案，2431 个县具备县级粮食应急预案。各地不断加强粮食应急预案演练，通过演练检验粮食应急预案在实战中的实用性、针对性和可操作性，确保应急粮食在紧急情况下调得动、用得上，保证粮食供应安全。

面对国内外发展环境的深刻变化，要坚持问题导向、聚焦补齐短板，进一步健全粮食应急保障体系，提升粮食应急管理精准性，优化粮食应急储备结构合理性，加强加工转化能力可及性，完善应急供应渠道协同性，提高监测预警体系敏锐性。增强忧患意识，加强粮食安全领域风险防范，提前做好应对准备，防患于未然。

（刊发于 2023 年 1 月 5 日时评版）

玉米产业发展要服务粮食安全

在玉米供需关系紧张的情况下，玉米是用来加工饲料，还是用来生产燃料乙醇，直接关系国家粮食安全。我国粮食实现“十九连丰”，有能力解决好自身吃饭问题，但饲用粮和工业用粮消费持续增加，粮食供需中长期将处于紧平衡态势，总量问题与结构性矛盾并存。在优先满足饲用粮的原则下，继续实施严格控制以玉米为原料的燃料乙醇加工的产业政策，进一步改善玉米产不足需的局面。

随着我国经济发展和人民生活水平的不断提高，食品消费结构不断升级变化，从“吃得饱”到“吃得好”，从米面油到肉蛋奶，粮食直接消费减少而间接消费增加，粮食消费总量仍然呈刚性增长的态势。从玉米消费结构看，粮食消费细分为食用消费、饲用消费、工业消费和用种消费，饲用消费占比60%以上，工业消费占比20%~30%，食用及其他消费占比为6%~7%。除了用种消费保持稳定外，饲用、工业、食用及其他消费均出现不同程度增长，成为我国玉米消费大幅增长的驱动因素。受环境资源约束，玉米增产乏力，以玉米为原料的燃料乙醇加工产能快速扩张，会大规模挤占饲用粮，持续推高玉米价格。

我国发展粮食燃料乙醇加工已经有20多年的历史。2000年，为解决超期超标的陈化粮，我国开始计划推进生物燃料乙醇试点工作。2002 年，国家在河南省和黑龙江省的 5 个地市启动车用乙醇汽油试点方案，2004 年，扩大试点范围，批准了 4 个车用生物燃料乙醇项目。2006 年，根据粮食市场形势变化，国家暂停玉米燃料乙醇新增产能，开始鼓励发展非粮燃料乙醇。2017 年我国面对粮食连年高产、库存高企的问题，在保障粮食安全的基础上适度发展粮食燃料乙醇。2022 年在玉米产需矛盾突出的情况下，我国又提出要严格控制以玉米为原料的燃料乙醇加工，减少对玉米的消耗。可以看出，我国发展燃料乙醇生产的初衷是为了处置超期超标人畜不能食用的粮食，后来燃料乙醇加工起到了调节国内粮食供求的作用。

以玉米为原料的燃料乙醇加工一定要服务国家粮食安全大局。我国人多地少，粮食供需长期处于紧平衡，不能像美国那样大规模发展粮食燃料乙醇加工，否则会伤及粮食安全的根本。为了确保口粮和饲用消费需求，我国发展粮食燃料乙醇一直本着“不与人争粮、不与粮争地”的原则，严格控制玉米深加工产业发展，特别是严格控制玉米用于工业酒精、燃料乙醇、涂料等非食物链生产。如果对玉米燃料乙醇加工不加以限制的话，在国内粮食难以满足工业消费需求的情况下，不得不大量进口玉米，将从根本上改变国内玉米供需格局，危及国内玉米产业安全和粮食安全。但需要指出的是，超期超标的粮食加工燃料乙醇，不会影响粮食安全。

生物燃料乙醇是一种“生长出来的绿色能源”，是可再生能源开发利用的重要方向。我国要严格控制玉米燃料乙醇加工，但鼓励非粮食资源生产燃料乙醇。目前我国生物燃料乙醇的生产原料从玉米、水稻、小麦等粮食逐渐转向甘蔗、木薯等经济作物和玉米秸秆、藤蔓、木屑、灌木枝等农林废弃物，逐渐摆脱对粮食的依赖。

在粮食总量问题和结构性问题并存的当下，严格限制玉米燃料乙醇加工满足饲用消费的同时，还要持续推进饲料中玉米豆粕减量替代，持续提高粮食综合生产能力，让每寸土地每粒种子都要释放增产潜力，有效满足吃得饱、吃得好、吃得营养健康的消费需求。

（刊发于 2023 年 1 月 12 日时评版）

国内外粮价涨幅为什么差距大

春节将至，正是粮油消费旺季，做好粮食保供稳价工作意义重大。从目前看，各地粮油货源充足、品类齐全、价格平稳，能够保障春节期间广大城乡居民采购需要。

粮价稳定关系物价稳定，关系民生保障，关系经济社会发展大局。去年国内外粮价波动频繁，国际粮价涨幅明显高于国内粮价。根据国家有关部门发布的数据，去年国际小麦、玉米价格月度同比涨幅最高达到 74% 和 36%，而我国小麦、玉米价格走势较为平稳，成品粮零售价格更为稳定，全年 36 个大中城市大米零售价比上年下降 1%，面粉零售价比上年上升 3%。我国采取的一系列扎实有效粮食保供稳价措施，是去年国内粮价平稳运行的根本原因。

任凭风吹雨打，我自岿然不动。正是由于我国粮食自给率高，粮食市场独立性较高，国内粮价受国际粮价影响较小，市场波动较小。面对风高浪急的国际环境，我国始终保持粮食安全战略定力，坚持稳字当头、稳中求进，笃定前行，加大粮食生产扶持力度，特别是自 2004 年以来，一直实行稻谷和小麦最低收购价政策，对粮食市场起到托市作用，稳定粮价，保护种粮农民收益。去年我国粮食实现“十九连丰”，把中国人的饭碗牢牢端在自己手上。

我国粮食储备充裕，为粮食市场调控提供了坚实的物质基础。

为了有效应对国内外粮食供给冲击，有关部门采取定向调控、相机调控、精准调控措施。认真组织好粮食市场化收购和政策性收购，通过优粮优价确保农民合理种粮收益，通过最低收购价牢牢守住农民“种粮卖得出”底线。不断完善粮食市场监测预警体系，密切监测国内外粮食市场运行态势，围绕稳增长、稳就业、稳物价加强风险预判和战略预置，充分估计国际上可能出现的粮食安全极端情况，制定多场景应对预案。合理把握政策性粮食销售节奏和力度，根据调控要求适时做好储备投放，增加市场有效供应，维护产业链供应链稳定。加强政策信息发布，及时释放调控信号，引导市场预期。

适度粮食进口是我国粮食安全战略的重要组成部分，是保持国内粮食稳定供应的重要手段。去年我国粮食进口量达 1.4 亿吨，与 2020 年相当，有效填补了国内结构性短缺。为了避免粮食过量进口冲击国内市场，多年来我国对三大主粮实行进口配额管理，配额内进口征收 1% 关税，配额外进口征收 65% 的关税，这相当于为国内粮食市场筑起了一道保护墙。2020 年以来，玉米、小麦、大米三大主粮进口量均已突破进口配额，但并未改变我国粮食供需基本平衡的局面，也未对全球粮食市场产生明显影响。

从目前来看，我国粮食保供稳价体系进一步健全，完全有能力、有条件保障粮食价格总体稳定，但粮食安全的基础仍有待进一步稳固。从国内看，由于粮食刚性需求增加，特别是饲料用粮和工业用粮需求增加较快，粮食供需仍是紧平衡格局，总量问题和结构性矛盾并存。从国际看，全球粮食供需形势虽然相对宽松，但地缘政治冲突、贸易保护主义、极端天气等各种因素冲击全球粮食供应链稳定，我国粮食进口面临很大不确定性。

今年国际粮价有可能高位波动，输入性通胀压力仍然存在。要减少国际粮价对国内粮价的影响，就要进一步增强粮食安全保供稳价能力。要全方位夯实粮食安全根基，加强粮食生产、储备、流通能力建设，不断拓展粮食进口来源地，增强我国在国际粮食贸易中的话语权。有关部门在春节期间仍要加强市场和价格监管，严厉打击囤积居奇、哄抬价格等违法违规行为，维护正常价格秩序，守好粮食安全底线。

（刊发于 2023 年 1 月 19 日时评版）

整治“靠粮吃粮”不手软不含糊

粮食购销领域是保障粮食安全的关键环节和重要屏障，涉粮腐败问题会直接影响粮食的数量安全和良好质量，严重损害人民群众切身利益，危害国家粮食安全。中央纪委国家监委近日公开通报10起粮食购销领域违纪违法典型案例，印发《关于深化粮食购销领域腐败问题专项整治工作的意见》。这进一步彰显党中央清除粮食购销领域“硕鼠”“蠹虫”的坚强决心，持续释放整治“靠粮吃粮”等腐败问题的强烈信号。

充足的粮食储备是我国有效应对重大突发事件、抵御特大灾害、稳定市场预期的“压舱石”和“稳定器”。近年来，在国际粮价大幅波动的情况下，国内粮食市场仍能保持总体平稳，储备的作用功不可没。然而，粮食购销属于权力集中、资金密集、资源富集的领域，粮食收购、储存、销售各环节以及粮库设施建设项目成为违纪违法行为高发区，一些人利用职务便利谋取私利，搞“靠粮吃粮”、内外勾结、利益输送、套取资金、权力寻租、关联交易以及在工程项目建设中干预招投标等违法违纪行为，不仅造成国有资产的流失，而且容易动摇少数群众对粮食安全的信心，贻害无穷。

储备粮是保百姓饭碗的粮食，决不能任由“粮耗子”折腾糟蹋。近年来，我国在全国范围内开展粮食购销领域腐败问题专项整治，清除“硕鼠”“蠹虫”取得显著成效，但违法违纪问题仍然禁而未绝。中央纪委国家监委近期公开通报的10起腐败案件就是在专项整治期间查出的，这反映出当前粮食购销领域腐败问题存量尚未见底、增量还在发生，根治涉粮腐败仍然任重道远。

守住管好“天下粮仓”，是全方位夯实粮食安全根基的关键举措。粮食购销领域腐败沉疴难除，须刮骨疗毒、猛药去疴、重典治乱。要以专项整治为抓手，持续探索治本之策，打好整治“组合拳”，切实解决存量问题，严防增量问题发生。持续加大腐败问题惩治力度，对涉粮问题线索开展清底式“回头看”，应查尽查，一查到底，从重从严惩处。要保持打“攻坚战”“持久战”“歼灭战”的政治定力，确保节奏不变、力度不减、标准不降。要坚持不敢腐、不能腐、不想腐一体推进，同时发力、同向发力、综合发力。以零容忍态度反腐惩恶，对粮仓“硕鼠”露头就打，着力净化粮食领域政治生态。

强化监管是有效防治涉粮腐败的关键。要探索建立常态化监督机制，结合查办涉粮腐败案件，查找制度漏洞、监管漏洞。开展“强监管严执法重处罚”专项行动，综合运用“飞行检查”、突击检查、交叉检查等有力手段，加大检查力度，严肃查处涉粮涉储违法违规案件，坚决纠治不作为、慢作为、乱作为。加强对各级粮食行政管理部门和国有粮食企业主要负责人和关键岗位人员的日常管理和监督，建立健全经常性自查自纠、监督检查和问题整改机制。

利用数字化技术提升“穿透式”监管能力。大大小小的储备粮库遍及全国各地，点多、面广，存在涉粮腐败风险点位多、涉及人员广、监管难度大等问题。要持续推动智慧粮库建设，按期建成覆盖中央和地方政策性粮食的数字化监管系统，实现承储库点信息化和互联互通全覆盖。目前，中央储备粮已经实现智能化全覆盖，29个省份实现省级储备信息化全覆盖，“穿透式”监管格局初步形成。监管人员可随时随地在线上开展政策性粮食库存检查、新入库粮食跨省交叉检查，有效减少“转圈粮”“空进空出”、擅自动用等问题的出现。

利剑高悬、震慑常在。粮食购销领域反腐败永远在路上。

（刊发于 2023 年 2 月 2 日时评版）

端牢饭碗才能应对“粮食权力”泛滥

近日，一篇《一场“粮食权力”之争让人惊醒》的文章，把美国《商业周刊》1975 年 12 月 15 日发表的《美国粮食权力：世界政治中的终极武器》再次送上热搜。文中提到，要将其“粮食权力”作为一种外交工具来使用。虽然此观点当时遭到了美国国内一些人的反对，但从美国后来的外交历史看，美国在国际关系中充分运用“粮食权力”实现国家战略目标。

粮食是生存必需品，是战略资源，在复杂的国际关系中进一步成为国际斗争的武器。美国前国务卿基辛格曾说过：“谁控制了粮食，就控制了人类。”美国拥有世界上最多的耕地、最先进的农业生产技术，是世界超级农业大国和世界第一粮食出口大国；世界四大粮商 ADM、邦吉、嘉吉、路易达孚掌握全球 80% 以上的粮食贸易量，前三家都是美国企业；全球粮食交易以美元计价，芝加哥期货交易中心是全球粮食定价权中心、全球粮食价格的风向标。美国把粮食与政治、能源和金融深度捆绑，不仅将粮食工具化、武器化，而且将粮食金融化、能源化，通过不断操纵全球粮食供给、操弄全球粮价，转嫁危机，收割全球财富，遏制其他国家崛起的速度。这是近年来全球粮食价格跌宕起伏、粮食危机频发的深层次原因。

无农不稳，无粮则乱。去年，乌克兰危机爆发以来，美国及其盟友对俄罗斯经济、金融制裁不断加码，阻碍俄乌两国粮食生产和出口。这种将粮食工具化、武器化的行径，严重破坏全球产业链供应链稳定，进一步推动全球粮价飙升，加剧全球粮食危机。全球30多个国家限制粮食出口，部分国家因此社会动荡甚至政权更迭。粮食是保生命安全、生存安全的必需品，不应被政治化、工具化和武器化。

我国是世界粮食生产大国，也是粮食进口大国，守牢粮食安全就是守牢生命线，这是“国之大者”。粮食进口能暂时弥补国内粮食短缺问题，但治标不治本。当今世界，百年未有之大变局加速演进，大国博弈激烈化，来自外部的打压遏制不断升级，我国发展面临的各种不确定难预料因素明显增多。一旦农业出问题，饭碗被人拿住，就要看别人脸色吃饭。一直以来，我国高度重视粮食生产，实现了谷物基本自给、口粮绝对安全，依靠自身力量把饭碗牢牢端在自己手中。现在，我国粮食需求刚性增长，粮食供需中长期仍将处于紧平衡，端牢饭碗的压力大，特别是我国大豆对外依存度高、进口来源地高度集中，很容易被“卡脖子”。

党的二十大报告提出，要建设农业强国，全方位夯实粮食安全根基。我国必须把粮食和重要农产品稳定供给作为建设农业强国的头等大事来抓。强化藏粮于地、藏粮于技，实施新一轮千亿斤粮食产能提升行动，坚持粮食产量产能、数量质量、生产生态一起抓，增强粮食产业链供应链韧性和稳定性。优化种植结构，提升大豆油料自给率。健全种粮农民收益保障机制和主产区利益补偿机制，确保农民种粮能挣钱、产粮大县在财政上不吃亏。强化粮食安全应急保供能力，不断提高防范化解重大风险能力，确保在极端情况下靠国内产能和储备就能吃得饱、挺得过。树立节约减损就是增产的理念，降低粮食采收、储运、加工、销售、消费每个环节的“跑冒滴漏”，有效减轻粮食供给压力。解决吃饭问题，不能光盯着有限的耕地，要树立大食物观，构建多元化食物供给体系，全方位多途径开发食物来源。

粮食安全是国家安全的基础。面对复杂多变的国际环境，只有农业强大了，粮食安全完全有保障了，我国才能以国内的确定性应对国际环境的不确定性，才能做到任凭国际粮食市场“风浪起”，我自“稳坐钓鱼船”。

（刊发于 2023 年 2 月 9 日时评版）

创建吨粮田要下足绣花功夫

当前，确保粮食增产已经成为全社会的共识。面对粮食需求刚性增长和环境资源约束趋紧的突出矛盾，如何实现粮食增产，确保粮食稳定供应，是当前保障粮食安全面临的重要课题。今年中央一号文件首次提出“开展吨粮田创建”。这意味着通过创建吨粮田，挖掘现有耕地潜力，继续主攻粮食单产，将是今后实现粮食增产的重要途径。

所谓“吨粮田”，就是在一亩地上一年中一季或者多季生产1吨粮食的农田。早在20世纪七八十年代，一些地方就开始创建“吨粮田”，经过多年的试验示范与推广，各地“吨粮田”“吨半粮”面积不断扩大，吨粮玉米、吨粮稻、吨粮麦比比皆是，一些地方创建吨粮镇、吨粮县，开展“吨半粮”产能建设，但“吨粮田”并没有普及，粮食单产水平仍然偏低，特别是玉米和大豆单产水平远低于美国。从国家统计局发布的数据看，2022年小麦单产390.4公斤，玉米单产429.1公斤，稻谷单产472公斤，与“吨粮田”的单产水平差距甚远。

影响粮食单产提高的主要因素有耕地、种子、机械、栽培技术、化肥农药的投入等，创建吨粮田，一定要下足“绣花功夫”，最大限度挖掘粮食增产潜力。要强化藏粮于地、藏粮于技的物质基础，突出抓好良田、良种、良机、良法四个关键点。在良田方面，持续推进高标准农田建设，通过水、土、田、林、路的综合治理，把中低产田改造为丰产田、高产田、吨粮田。在良种方面，加快培育推广高产稳产、品质优良、多抗广适的粮食新品种。在良机方面，加快研发推广先进农机，提升粮食生产全程机械化水平，针对玉米机收、水稻机插等薄弱环节加快科研攻关和试验示范，同时加快研发复合型农机装备和适应丘陵山区作业的小型农机具。在良技方面，加快研发推广玉米高产密植栽培技术、小麦玉米连作高产栽培技术、稻麦连作高产栽培技术等高产高效栽培新技术。通过良田、良种、良机、良法的有机融合，提高粮食生产规模化、智能化、机械化、集约化水平，提高粮食单产水平。

创建吨粮田，须健全农民种粮收益保障机制和主产区利益补偿机制，让农民种粮有钱赚、主产区抓粮不吃亏。农民通过创建吨粮田能够实现增产增收，但要确保种粮农民有钱赚、不吃亏。进一步健全价格、补贴、保险“三位一体”的农业政策支持体系，稳定种粮预期，增加种粮信心，让农民一心一意发展粮食生产，在提高单产上下功夫。同时，要健全主产区利益补偿机制，增加产粮大县的奖励资金规模，让种粮大县在财政上不吃亏，充分调动地方创建吨粮田、吨粮镇、吨粮县的积极性。

绿色是农业的底色，生态是农业的底盘。创建吨粮田，要坚持产量产能、数量质量、生产生态一起抓。决不能走以前那种竭泽而渔、焚薮而田、大水大肥的资源消耗型老路子，而是要走资源节约、环境友好的绿色发展、高质量发展的新路子。要因地制宜，充分利用当地光、热、水、土资源，通过高产高效新品种、新技术，推进轮作倒茬，科学合理使用化肥和农药，既能生产出高产优质的粮食，又能守得住绿水青山，实现粮食生产可持续发展。

创建吨粮田是一项复杂的系统工程，需要中央、地方和广大农民共同努力。各级党委、政府把吨粮田建设摆在农业和农村工作的首位，加大财政扶持力度。要凝聚农业、国土资源、统计、科技、财政、供销、气象、环保等各个部门的智慧和力量，做到心往一处想、劲往一处使。要认真落实中央政策，引导鼓励农民创建吨粮田，多种粮、种好粮，把饭碗端得更稳、更好、更牢。

（刊发于 2023 年 2 月 16 日时评版）

拓宽国产大豆市场空间

俗话说，宁可食无肉，不能餐无豆。大豆及其制品已经成为人们生活中不可或缺的食品。为了改变大豆自给率低的现状，去年我国实施大豆扩种计划，大豆增产明显。新季大豆上市以来，价格高开低走，农民惜售心理较为严重，产销矛盾突出。解决国产大豆问题，既要重视大豆扩种，也要重视大豆销售，不断拓宽国产大豆市场空间，实现国产大豆产业可持续发展。

国产大豆产销矛盾突出，根源在于供给过剩。我国大豆市场分为以国产大豆为主的食用大豆市场和以进口大豆为主的饲料大豆市场，两个市场相对独立，又具有替代性。我国食用大豆基本实现自给自足，常年消费量在 1400 万吨—1600 万吨，但饲料大豆严重短缺，主要依赖进口。去年国产大豆产量突破 2000 万吨，消费量约为 1500 万吨，明显供大于求，仅靠食用无法完全消化。国产大豆也可以压榨，但价格高、出油率低，压榨企业不愿意采购国产大豆。

黑龙江是全国第一大豆主产区，2022 年大豆产量 900 多万吨，增产近 200 万吨，大豆产销矛盾尤为突出。这是因为，黑龙江大豆加工企业以前以压榨为主，大豆就地加工转化能力强。近年来，随着国产大豆从压榨领域转向食用领域，全国崛起一批以大豆制品加工和蛋白质综合利用为主的企业，主要分布在华东、华中和东北三大地区。黑龙江大豆采购主体和销售区域也向省外转移，向大豆蛋白集聚的山东转移，向调味品聚集的华南、华中、华东等区域，以及河南、广东等人口集聚的大豆主销区转移，黑龙江大豆就地转化能力减弱。加之，去年其他省份大豆增产近 200 万吨，对黑龙江大豆形成竞争。

大豆加工企业是国产大豆产业健康发展的关键环节。受上游价格上涨和下游需求不振的影响，国产大豆加工企业经营步履维艰，无法为增产后的大豆销售提供支撑。从短期来看，国家应该通过加工补贴鼓励引导企业入市收购国产大豆。从长期来看，国家应该大力扶持国产大豆加工企业做大做强，推动企业加快构建全产业链体系，引导大豆加工企业到主产区投资设厂，建设大豆原料基地，实现订单式生产。这样，不仅解决了大豆扩种的问题，提高了企业抗风险能力，而且引导大豆主产区从卖原料向卖产品、卖品牌转变，引导农民从“种什么卖什么”向“市场需要什么种什么”转变，有效促进了产销对接。

扩种大豆是保障国家粮食安全的重要举措。面对国产大豆供给过剩问题，想方设法拓宽国产大豆消费空间应是长久之道。大豆是现有农作物中蛋白含量最高、质量最好的农作物，有“植物蛋白之王”的称号。近年来全球豆制品消费大幅增加，利用大豆、小麦等植物蛋白生产的“素肉”受到消费者追捧。作为传统大豆食品生产大国，我国有着 14 亿人口超大规模市场，企业应该根据国际国内市场需求开发豆制品，发展大豆精深加工，不断延伸大豆食品产业链条。要强化科技创新驱动，实现产品多样化，不仅要生产豆油、豆腐、豆皮、豆奶等初加工产品，还要研发生产大豆蛋白产品、休闲产品、素肉以及维生素、异黄酮、软灵芝等高附加值产品。现在

“预制菜”发展火热，传统的豆制品如何在可行的范围内实现绿色加工，乘上“预制菜”发展东风，实现快速发展，是值得企业研究的问题。

国家应该加强大豆植物蛋白营养的宣传推广，促进豆制品消费。如果我国能以优质的国产食用大豆及其制品替代部分动物性食品的消费，那么一定程度上可以降低大豆对外依存度，对维护粮食安全也具有重要意义。不过，现在一些企业为了降低成本，采用廉价进口转基因大豆替代国产大豆。有关部门必须强化对进口大豆流向的监管，确保食物安全。同时，要通过提升大豆单产水平、降低种植成本等措施努力提高国产大豆竞争力。

（刊发于 2023 年 2 月 23 日时评版）

“水稻上山”有待实验与观察

最近一段时间，云南“水稻上山”成为网络热议的话题。去年中国工程院院士、云南农业大学名誉校长朱有勇和他的研究团队在云南澜沧县竹塘乡蒿枝坝村推广了405亩水稻旱地种植，最低亩产634公斤，最高亩产788公斤，比传统旱作产量提高近400公斤。有人对云南旱作稻谷高产持怀疑态度；有人认为云南旱地种水稻只是一时心血来潮，大面积推广费力不讨好。

云南“水稻上山”古已有之。云南属山地高原地形，超过九成的国土面积属于山区和半山区，“水稻上山”是不得已为之。云南耕地分为水田和旱地。一直以来，云南水稻都是种在水田里，有1300多年历史的云南哈尼梯田就是当地农民利用复杂的水渠系统，将水从山顶引入梯田。云南干旱缺水，水田少、旱地多，有的村庄只有旱地没有水田，水稻产量不足。为了更好地保障口粮安全，近年来云南省打破常规，积极探索水稻旱种绿色高效栽培技术，选择在海拔1700米以下雨热资源丰富的中低海拔区旱地发展旱作杂交稻，充分发挥山地种稻的潜力，拓展稻谷生产新途径。为了鼓励农民种植旱稻，云南省级财政按每亩200元的补助标准支持水稻旱种，农技推广部门为水稻旱种提供科技支撑，对农技人员、合作社、种粮大户进行培训，在政府部门、科技人员和广大农民的共同努力下，部分地区旱地杂交稻产量创新高。

云南旱地水稻亩产量真有那么高吗？确切地说，云南旱作水稻高产不是在普通农田里实现的，而是在水稻种植示范田里实现的。为了提高旱作水稻产量，云南省创建杂交稻旱种绿色优质高效示范基地，选择地势平缓、土壤肥沃、雨水多、湿度大且具有一定保水保肥能力的旱地，统一选用适宜旱种的优质杂交稻品种，用地膜覆盖技术让土壤保持适宜的温度、湿度，统一施用测土配方施肥或施用缓释配方肥，统一病虫草害防治，对农民统一进行技术指导，统一机械化作业，实现了良田良种良机融合，提高了土地产出率，有效破除了过去传统种植技术下旱稻产量不高的局限。

人们最关心的是云南“水稻上山”是否在走毁林造田的老路。这种担心并非多余。在 20 世纪，曾经有一段时间，各地开山造田发展粮食生产，导致生态环境严重破坏和自然灾害频繁发生，教训不可谓不深刻。为保护和改善生态环境，国家多年来实施退耕还林还草重大生态工程，才让荒山秃岭重新披上绿装，让绿水青山成为农民增收致富的金山银山。

森林是天然的“绿色粮库”，能够为人类源源不断提供粮食、蔬菜、水果、肉类等食物资源。近两年，受资源环境的硬约束，粮食增产难度越来越大。为了保障粮食安全，中央倡导树立大食物观，在保护生态环境的前提下全方位多途径开发食物资源，向森林要食物。一些地方为了实现粮食增产的目标又出现开山造田，一旦失控，很可能重新走上“开山种粮、越种越荒”的老路子。发展粮食生产一定要坚持生产生态一起抓，要力争粮食多增产，也要守住绿水青山。

实践证明，粮食生产与生态环境保护二者可以兼得。我国山地辽阔，丘陵山区耕地面积占全国耕地总面积的三成左右，其中，梯田占全国耕地面积的四成左右，是全球梯田面积最大的国家，毫不夸张地说，有山的地方就有梯田。无论是云南哈尼梯田、广西龙胜龙脊梯田、湖南紫鹊界梯田等水田梯田，还是河北涉县旱作石堰梯田、陕西凤堰古梯田、新疆天山哈尼梯田等旱地梯田，经过千百年时间长河的验证，均是粮食生产与生态环境保护的绝佳典范。

云南探索旱作水稻种植技术是在趟一条新路，会不会破坏丘陵山区生态环境，还有待时间来验证。云南旱作水稻高产是在特定区域特定条件下取得的成绩，能否在其他地方复制，是否适宜大面积推广，还需要进一步实验和观察。

（刊发于 2023 年 3 月 2 日时评版）

保持粮食安全战略定力

今年全国两会上，粮食问题再次成为代表委员热议的话题。粮食问题之所以“热”，是因为关系中国 14 亿多人的吃饭问题。在国际环境日趋复杂的情况下，要端牢中国人的饭碗，确保消费者吃得饱、吃得好，不是一件容易的事情。我国必须冷静对待粮食问题，保持粮食安全战略定力，稳中求进，积极作为，把粮食产量产能一起抓，确保今年粮食产量继续稳定在 1.3 万亿斤以上，为全年粮食保供稳价奠定基础，为全年经济增长目标的实现提供重要支撑。

粮食稳产增收是保障物价平稳运行的“压舱石”。2022 年，在国际环境风高浪急和国内面临多重超预期因素冲击的情况下，在中央、地方和广大人民的共同努力下，我国粮食高位增产，连续 8 年稳定在 1.3 万亿斤以上，人均粮食产量创新高，为国内物价持续平稳运行奠定了基础。2022 年，居民消费价格指数（CPI）单月涨幅始终没超过 3%，全年涨幅只有 2%，与国际高通胀形成鲜明对比。

目前，我国粮食安全总体形势较好，有能力、有底气、有条件应对外部冲击，但粮食结构性矛盾仍然比较突出。从品种结构看，我国已经实现了谷物基本自给、口粮绝对安全，玉米已经连续两年增产，但随着饲料用粮和工业用粮需求增加，玉米供需仍然偏紧；去年大豆、油料自给率分别提升了 3% 和 1.6%，但仍然比较低。今年中央一号文件提出，要稳定面积、攻克单产、力争粮食多增产，特别提出要实施玉米单产提升工程，继续实施大豆油料产能提升工程，加力扩种大豆油料。这将有助于进一步改善玉米供需关系，提高大豆油料自给率。

万物土中生，有土斯有粮。稳定和扩大粮食播种面积是实现粮食稳产增产的基础。坚持藏粮于地战略，牢牢守住18亿亩耕地红线，坚决制止耕地“非农化”，防止耕地“非粮化”。加强高标准农田建设，逐步把永久基本农田全部建成高标准农田，守护管好高标准农田，真正把“粮田”变成良田。要通过加强黑土地保护和坡耕地综合治理，强化干旱半干旱耕地、红黄壤耕地产能提升技术攻关，持续推动由主要治理盐碱地适应作物向更多选育耐盐碱植物适应盐碱地转变，不断挖掘现有耕地潜力，将符合条件的盐碱地等后备资源适度有序地开发为耕地。

稳粮增产的根本出路在科技。受环境资源的双重约束，粮食增产难度越来越大，科技进步能够有效破除环境资源约束。2022年我国农业科技进步贡献率达到62.4%，核心种源和新品种培育、底盘技术、丘陵农机等领域都取得了阶段性突破。在诸多农业科技中，良种对粮食增产的贡献率超过45%。未来要强化科技和农业装备支撑，加快种业、农机等科技创新和推广应用，加强农作物病虫害科学防控，创新农技推广服务方式，推动互联网、物联网、区块链、人工智能、5G等新型信息技术与农业深度融合，为粮食增产插上科技的翅膀，让更多农民挑上“金扁担”。

粮食比较效益偏低，市场波动风险大。保障粮食安全，不能完全依靠市场调节，也要发挥好政府作用。要实现粮食增产的目标，一定要加大粮食生产扶持力度。健全“价格＋补贴＋保险”三位一体的农民种粮收益保障，让农民种粮有钱赚，引导农民多种粮种好粮；完善主产区利益补偿机制，加大对产粮大县奖励力度，让主产区种粮不吃亏，调动主产区重农抓粮积极性。

粮食是一种特殊商品，易受国内外各种因素的影响，加剧粮食波动风险。要以粮食保供稳价为目标，增强粮食收储调控能力。强化产销衔接，确保粮食产得出、卖得好；加强粮食储备和应急保障能力建设，确保重大突发事件发生时粮食供应不断档不脱销；增强全球粮食供应链管理能力，确保粮食买得到、运得进。树立增产与减损并重的理念，推进全链条节粮减损，实现粮食“绿色增产”，增加粮食有效供给。

（刊发于 2023 年 3 月 9 日时评版）

后　记

人生天地之间，如白驹过隙。

《粮食大事》开栏两年多时间，刊发100多篇稿件。这些时评是我对过去两年粮食行业发生的新闻热点问题的粗浅看法，有褒扬，有批评，有评析，是经过独立思考后所写就的阶段性成果。

众口铄金，积毁销骨。舆论具有毁灭性的力量，如果被有心人利用，就会变成杀人灭国的利器。近两年，在新冠疫情、自然灾害、地缘政治冲突叠加影响之下，粮食危机如影随形，粮食问题广受关注，各种舆论漫天飞扬，泥沙俱下，鱼龙混杂，容易影响乃至动摇人们对粮食安全的信心。做好舆论引导工作、疏导社会情绪，也是保障粮食安全的重要内容之一。

感谢报社编委会在经济日报时评版开设《粮食大事》专栏，为我提供一个重要的平台，让我有机会能够以客观而不失感性、理性而不失血性的态度，多维度多视角解读政策，评析事件，澄清谬误，引导舆论，虽然不能起到“一语定乾坤”作用，但至少能为身陷舆论迷雾中的人们提供一种看待问题的新思路、解决问题的新方法，在舆论场上为保障国家粮食安全尽一份心力。

写作时评最大的收获，是我对粮食问题的深度思考能力得到提升。作为时评作者，要敢言、善言、会言。敢言很重要，但只有一腔孤勇是不行的，更重要的是善言、会言。写好粮食时评，要有扎实的理论知识以及对粮食产业长期洞察的专业素养，能迅速识别和准确判断出热点事件的新闻价值，还能从研究视角了解新闻事件背后的历史背景，解剖行业规律，洞察行业趋势。以前我对粮食问题的思考是碎片化的，认识比较肤浅，眼界不够开阔。为了写好时评，我开始系统深入地研究粮食问题，不断拓宽思维边界，既能熟悉行业动态，又能跳出行业看行业，看问题有高度、有深度，有独特视角。也因此，我才能在众生喧哗中始终保持头脑冷静清醒，在写作时做到批评而不谩骂、褒扬而不逢迎、温情而不煽情、说理而不强词夺理，发出客观理性的声音。重读这些文章，观点仍然站得住脚、经得起推敲，很多文章得到业内人士的肯定，有的文章甚至引起有关部门重视，并推动相关问题的深入研究。

在时评写作中遇到的最大困难，就是遭遇写作瓶颈期，有时为自己知识储备不足、观点自我重复、写作手法单一、语言表达日益匮乏而感到焦虑，为自己文章思想不够深刻而不安。每当这种时候，我会静下心来读书，从书中汲取知识和前行的力量。我会走出去，在田间地头的采访中寻找写作的灵感，在与权威人士的对话交流中提高对粮食问题的思想认识。记者是“读万卷书行万里路”践行者，通过采访可以接触社会各个方面，观察新闻事件的多面性，多角度思考问题，不断提升自己。这也是记者这份职业的魅力所在。

本书的出版凝聚着很多人的心血。再次感谢报社编委会，特别要感谢郑庆东社长，在他的关心和支持下，本书得以顺利出版发行。感谢产经新闻部主任徐涵、总编室主任王智和评论部主任齐东向的支持与鼓励，感谢专栏全体编辑和出版社编辑的辛勤劳动和付出。

刘　慧

2022 年 3 月

图书在版编目（CIP）数据

粮食大事／刘慧著．-- 北京：经济日报出版社，
2023.6
ISBN 978-7-5196-1326-6

Ⅰ．①粮… Ⅱ．①刘… Ⅲ．①粮食问题-研究-中国
Ⅳ．①F326.11

中国版本图书馆 CIP 数据核字（2023）第 092559 号

粮食大事

作　　者	刘　慧
责任编辑	宫婷婷
助理编辑	王　真
责任校对	孙　爽　孙立敏
出版发行	经济日报出版社
地　　址	北京市西城区白纸坊东街 2 号 A 座综合楼 710（邮政编码：100054）
电　　话	010-63567684（总编室） 010-63584556（财经编辑部） 010-63567687（企业与企业家史编辑部） 010-63567683（经济与管理学术编辑部） 010-63538621　63567692（发行部）
网　　址	www.edpbook.com.cn
E - mail	edpbook@126.com
经　　销	全国新华书店
印　　刷	北京九州迅驰传媒文化有限公司
开　　本	710 毫米×1000 毫米　1/16
印　　张	18.5
字　　数	211 千字
版　　次	2023 年 6 月第 1 版
印　　次	2023 年 6 月第 1 次印刷
书　　号	ISBN 978-7-5196-1326-6
定　　价	58.00 元